George Lafenestre

Les Salons
de 1897

Critique

ISBN : 978-1981202423

10 9 8 7 6 5 4 3 2 1

George Lafenestre

Les Salons de 1897

Critique

Table de Matières

LA PEINTURE AUX CHAMPS-ELYSÉES

Le palais des Champs-Elysées, où s'est ouvert, pour la dernière fois, le Salon de la Société des Artistes français, est décidément condamné. Tandis que les artistes et les amateurs circulent encore, à l'est, dans les galeries du premier étage et dans le jardin de la nef, autour des 3 263 peintures ou dessins, et des 907 sculptures ou médailles qui représentent, pour ce seul Salon, la production exagérée, à deux œuvres par tête, de plus de deux mille artistes ou se croyant tels, du côté de l'ouest résonnent, depuis quelque temps déjà, les pics et les marteaux des démolisseurs qui s'acharnent contre la résistance de la modeste, mais solide bâtisse. La disparition violente de cet honnête édifice, où, depuis quarante ans, s'est déroulée la vie des arts nationaux, ne semble justifiée, jusqu'à présent, par aucune raison économique ou esthétique. Sera-t-il bientôt remplacé par des constructions mieux comprises et mieux présentées, de dispositions plus agréables et d'un aménagement plus facile pour toutes les manifestations du travail et de la curiosité qui, dans une ville comme Paris, doivent se succéder, de plus en plus nombreuses et variées, toujours à brefs intervalles ? C'est ce que l'avenir nous dira. Les dévergondages croissants de l'architecture foraine, dont les expositions universelles, trop fréquemment renouvelées, exaspèrent l'imagination cosmopolite et multiplient les créations hybrides, ne laissent pas d'inspirer, sur ce point, quelques appréhensions aux Parisiens, à ceux du moins que n'affole pas encore le besoin d'agitation et d'étourdissement à tout prix et qui regrettent de voir gaspiller, en des constructions hâtives et éphémères, les talents et les ressources dont l'emploi plus utile leur semblerait trouvé dans l'achèvement méthodique et l'embellissement définitif de la noble capitale.

Quoi qu'il en soit, qu'on le remplace bien ou mal, ce n'est point sans un serrement de cœur que la génération grandie sous le second empire et qui, dans sa maturité, a pris part aux souffrances du pays et à son relèvement, verra disparaître ces murs respectables dans lesquels, durant un demi-siècle, à côté de tant de spectacles instructifs et utiles, ont été données tant de fêtes pour l'imagination et pour l'esprit. L'histoire du Palais de l'Industrie, pendant ces quarante ans, serait l'histoire des arts français. Sa situation, ses dispositions, ses dimensions, son éclairage, ont exercé, sur les destinées mêmes et la pratique de ces arts, une influence, tantôt heureuse, tantôt fâcheuse, mais très réelle et très visible, et dont on peut aujourd'hui mesurer retondue. N'est-ce pas sa situation, avenante et presque centrale, sur la plus belle promenade de Paris, à portée des quartiers actifs, qui a développé, dans toute la population, le goût même des expositions ? Ne sont-ce pas ses dispositions, si aisément modifiables, qui ont permis tour à tour aux collections les plus diverses de s'y installer dans tous leurs avantages, et, notamment, aux expositions d'arts décoratifs et industriels, soit rétrospectives, soit modernes, de développer à la fois un goût plus libre et des connaissances plus étendues dans le public et dans les producteurs ? En ce qui concerne les Salons mêmes, n'est-ce pas là que, pour la première fois, les tableaux ont pu être tous placés en bon jour, dans des salles de grandeurs diverses, et que les statues ont pu être disposées en plein air dans leur milieu naturel ? C'est par suite encore de l'ampleur des salles et de leur éclairage haut, égal, éclatant, que le nombre des peintures exposées s'est si notablement accru ; que le groupe restreint des artistes s'est de plus en plus grossi d'un contingent mêlé d'amateurs et d'apprentis ; que tant de peintres ont délaissé les cadres de petite dimension trop facilement écrasés, dans ce pêle-mêle et cet entassement, pour se perdre en de vastes toiles attirant plus vite l'attention ; que toutes sortes d'habitudes d'improvisation, de réclame, d'excentricité tapageuse se sont développées ici, au détriment de la sincérité, jusqu'à ce que, sans cesse grandissantes et se croyant encore emprisonnées dans cet immense local, elles aient enfin débordé au dehors pour trouver encore plus d'espace, plus d'indépendance, plus d'indiscipline. Dès l'ouverture des Salons de 1857 et de 1859, succédant, au Palais, à l'Exposition universelle de 1875, les artistes et les critiques clairvoyants pressentirent, en partie, les conséquences futures de ce nouveau régime, les excès divers d'une production plus hâtive et moins désintéressée, l'abandon et le mépris des traditions scolaires, l'exaltation et l'émiettement de l'individualisme, le désarroi du goût et l'instabilité des jugements. A toutes ces causes d'une anarchie sans précédents, mais aussi d'une activité extraordinaire, dans le travail des peintres, sont venues depuis s'y joindre quelques autres. Le contact plus régulier avec les écoles étrangères, la multiplication des sensations incohérentes, résultant de la facilité des déplacements par les chemins de fer et de l'abondance des reproductions par la photographie, n'ont pas moins contribué à augmenter la diversité désordonnée de tendances et de recherches dans laquelle se débattent actuellement les artistes. Les Salons de 1897 où s'accentue, plus encore qu'en 1896, un effort très marqué, chez beaucoup de jeunes hommes, au Champ-de-Mars comme aux Champs-Elysées, pour se ressaisir et pour reprendre pied sur le terrain solide des traditions éprouvées et de l'observation naturaliste, vont nous montrer d'ailleurs qu'avant eux les seuls artistes ayant traversé, sans encombre, cette période confuse, sont précisément ceux dont l'esprit a été constamment dirigé par les mêmes principes. Jamais il n'a été plus nécessaire aux peintres de se rappeler le vieil adage : *Ars longa, vita brevis* ; jamais non plus il ne leur a été plus difficile de l'appliquer, car jamais la vie n'a été plus raccourcie et plus encombrée par des tentations, des obligations, des conventions de toute sorte qui dispersent et qui usent l'âme de l'artiste ; jamais non plus il ne leur a été plus difficile de se mettre en pleine possession de leur métier, de ce métier si admirable mais si compliqué, qu'ils apprennent, en général, trop hâtivement et trop tard, et dont l'étude est troublée, chez beaucoup d'entre eux, par des préoccupations excessives du procédé à la mode et des apparentes nouveautés.

I

Les jeunes peintres qui, en cette pénible fin de siècle, projettent, comme c'est leur devoir, d'accomplir à leur tour quelque entreprise glorieuse et nouvelle, auraient tort de s'imaginer qu'autrefois, en inaugurant ce palais, leurs aînés et leurs maîtres, en 4857 et 1859, n'étaient pas enflammés par d'égales ambitions. Les souvenirs de l'incomparable fête de 1855 étaient encore trop présents à l'esprit pour qu'on pût s'endormir. A Paris les derniers romantiques, les néo-grecs, les éclectiques, les idéalistes et les naturalistes se groupaient autour de Delacroix, Ingres, Couture, Gleyre et du bruyant Courbet, qui venait de pousser, dans la bataille, le cri de « réalisme ». Dans la banlieue, autour de Fontainebleau et de Cernay, on travaillait et on rêvait en silence, à l'exemple de Corot, Théodore Rousseau, Millet. A Rome aussi, l'on commençait, d'instinct, à se détourner des lourds Bolonais pour retourner vers les vrais maîtres, vers l'antiquité grecque et la jeune Renaissance. Partout c'était la même ardeur laborieuse, presque partout aussi le même désintéressement, le même mépris pour les succès faciles, la même modestie. Si l'on ne se croyait guère en passe de faire oublier jamais les génies virils qui avaient éclairé le commencement du siècle, on s'efforçait du moins de leur succéder sans indignité.

Il y avait d'ailleurs un point sur lequel presque tous les groupes, rivaux ou ennemis, et même les anecdotiers spirituels, tombaient absolument d'accord : c'était, dans l'art de peindre, l'importance capitale du métier. Les uns voyaient le salut dans la détermination scrupuleuse des formes, dans la pureté et le rythme de la ligne ; les autres le cherchaient dans la force et dans le jeu des tonalités, dans l'emploi d'une matière riche et généreuse ; mais tous ne voulaient demander leurs moyens d'expression qu'à la précision du dessin et à la qualité de la couleur, et tous se méfiaient, comme d'une peste, de la littérature et de ses conseils. Le même fait se renouvelle, en France, chaque fois que la littérature, dans une nation plus littéraire qu'artiste, comme la nôtre, a joué, trop longtemps, de mauvais tours aux peintres et aux sculpteurs en leur faisant abandonner la proie pour l'ombre, l'objet pour le sujet, l'exécution pour l'intention, la réalité pour l'apparence. On se redisait que la sentimentalité de Greuze, l'héroïsme gréco-romain de David, l'esprit anecdotique de Paul Delaroche, les aspirations mystiques d'Ary Scheffer, avaient compromis chez ces grands artistes mêmes les plus rares facultés aux applaudissements de la critique et de la mode ; on se rappelait à quel degré de faiblesse et d'impuissance ces préoccupations étrangères ou accessoires avaient réduit leurs imitateurs. Ingres et Delacroix, deux esprits exclusifs, deux praticiens passionnés et consommés, l'un dans la recherche de l'expression linéaire, l'autre dans la science de l'expression colorée, semblaient, presque seuls, être restés debout dans ce grand désarroi. C'est donc autour d'eux, comme autour des sauveurs, qu'on s'efforçait d'apprendre le métier nécessaire, de s'assurer, avant tout, ces outils indispensables, le dessin exact ou la belle couleur et, autant que possible, les deux à la fois.

Beaucoup de ceux qui s'affirmèrent ou qui débutèrent de 1857 à 1884 ont disparu prématurément et, parmi eux, des maîtres tels que Paul Baudry, Benouville, Cabanel, Delaunay, Fromentin, Millet, Courbet, Daubigny, Chintreuil. Les survivans, pourtant, sont nombreux encore. Sans parler de MM. Puvis de Chavannes et James Tissot que nous retrouverons ailleurs et de M. Gustave Moreau qui se dérobe, ce sont ici, avec les deux doyens du paysage et de l'histoire, M. Français, né en 1814, et M. Hébert, né en 1817, leurs suivants immédiats, MM. Harpignies (1819), Gérome (1824), Bouguereau (1825), Jules Breton (1827), Henner et Paul Dubois (1829), Bonnat et Vollon (1833). En donnant, par rang d'âge, la liste de ces vétérans, nous dressons presque aussi la liste des peintres qui, à quarante ans d'intervalle, attirent encore, le plus, au Salon de 1897, l'attention publique, comme ils l'attiraient dans leur jeunesse aux Salons de 1857 et des années suivantes. Ce n'est pas, en tout cas, chez eux que les yeux sont affligés par les plus fâcheuses apparences de pénibles caducités ou d'impuissances prétentieuses. Glorieuse et légitime récompense de la conviction réfléchie et soutenue, de la conscience tranquille et scrupuleuse avec laquelle toute cette génération a loyalement accompli sa tâche, et démontré par l'exemple, à celles qui la suivent, ce que valent, en définitive, pour le développement du talent et l'affirmation de la personnalité, dans les arts comme ailleurs, le respect du passé, l'amour de la vérité, la méthode dans l'étude, la suite dans la volonté.

En 1857 et 1859, M. Hébert, déjà célèbre depuis la *Malaria*, exposait les *Fiénarolles de San Angelo, Rosa Nera à la Fontaine*, et les *Cervarolles*, avec plusieurs portraits, dans lesquels sa sensibilité poétique, devant les êtres vivants, se revotait d'une enveloppe déjà plus colorée et plus souple. Depuis cette époque, M. Hébert n'a cessé d'apporter une passion de peintre, de plus en plus délicate et consciencieuse, dans l'exécution de tous les morceaux, petits ou grands, qui sont sortis de son atelier, et cet amour soutenu et scrupuleux de son art lui a épargné tous les affaiblissements qui résultent parfois d'une longue pratique. Sa *Vierge au chasseur et son Portrait de Mme Hébert* n'occuperont pas, dans la longue série de ses œuvres, la moins bonne place. Le portrait sera même, peut-être, considéré un jour comme un de ses chefs-d'œuvre. De fait, M. Hébert n'a jamais apporté, dans la restitution fidèle d'une image aimée, un accent à la fois plus ferme et plus ému, une aisance plus savante et plus séduisante de coloriste et d'harmoniste. La figure, de dimensions réduites, vue jusqu'aux genoux, s'enlève sur un de ces fonds de verdure ensoleillée chers à l'artiste. Debout, de face, tête nue, avec des cheveux très blonds et des regards très bleus, elle tient dans les mains un petit chien à poils roux. La précision souple et vivante de toutes les formes, le jeu naturel et savant des colorations savoureuses, des pénombres exquises, et des taches lumineuses, font de cette petite toile, si bien remplie, un régal pour les yeux.

Il n'y a guère moins de charme extérieur dans la *Vierge au chasseur* dont l'orchestration colorée est une des plus doucement chaleureuses qu'ait conduites ce savant pinceau ; les personnages seulement nous en sont trop connus pour que nous éprouvions, à leur rencontre, le même sentiment vif et profond. Ce n'est pas que nous songions un instant à reprocher à M. Hébert, non plus qu'à aucun artiste, de s'attacher, pour le perfectionner, à la reproduction d'un type choisi. Lui faire, à lui et à ses contemporains, ce sot procès, ce serait le faire à tous les maîtres du passé, à Rubens comme à Léonard, à Watteau comme à Corrège, à Prudhon comme à Michel-Ange. Nous ne nous étonnons donc point de retrouver, sous les traits de la Madone, la noble dame aux traits réguliers, costumée à l'orientale, et, sous ceux du petit Jésus, le blondin délicat et frisé, dont raffole également notre religiosité mondaine. Le sujet même ne nous blesse point, comme il a fait certaines piétés austères. Un jeune tireur d'arc, un gars d'Italie, brun et bouclé, un saint Jean, si vous voulez, vient de tuer un oiseau et l'offre à l'Enfant Jésus ; le Bambino se détourne avec un petit mouvement d'effroi ; n'est-ce pas une de ces scènes enfantines auxquelles se plaisaient les bons imagiers ou enlumineurs du moyen âge ? On peut seulement regretter que la littérature, trahissant encore cette fois l'artiste, lui ait fait joindre à sa bonne peinture une citation sentimentale qui en subtilise l'intention et l'a induit à raffiner, dans le sens de la mignardise, son type accoutumé, au lieu de le simplifier, dans le sens de la naïveté.

L'un des jeunes artistes qui, en ce Salon de 1857, avec Paul Baudry, l'auteur de *la Fortune et l'Enfant*, nous parut à tous rapporter d'Italie le sentiment le plus pur de la beauté, c'était M. Bouguereau. On savait que, l'un des premiers, abandonnant les formules scolaires, il s'était rafraîchi les yeux et l'esprit par l'étude assidue des fresquistes florentins et de la libre antiquité ; et ses figures décoratives, peintes à la cire, le *Printemps*, l'*Été*, l'*Amour*, l'*Amitié*, la *Fortune*, les *Heures du jour*, obtinrent un succès de grâce et de nouveauté dont on trouve l'écho dans tous les journaux du temps. Son envoi (le nombre des peintures n'était pas alors limité) se complétait par un *Retour de Tobie* où son talent se montrait sous un autre aspect, l'aspect sentimental. Depuis lors M. Bouguereau n'a cessé, chaque année, avec une régularité qui attire le respect des uns et qui excite l'ironie des autres, d'apporter, presque toujours en parallèle, une idylle mythologique et une scène religieuse. En 1897, il ne manque pas à ses habitudes, et ses admirateurs des deux mondes, qui sont nombreux devant la *Blessure d'amour* et la *Compassion*, ont protesté, non sans raison, contre l'indifférence ou le mépris dont les novateurs irrévérencieux affectent d'accabler ces peintures sages et soignées. Le fait est que si on l'a trouvé charmant hier, pourquoi le trouverait-on détestable aujourd'hui ? Sa façon aimable de présenter les choses sera toujours celle qui plaira à bien des honnêtes gens et l'on pourrait y mettre beaucoup moins d'art. La *Blessure d'amour*, une nymphe taquinée par les petits Amours dont l'un l'a blessée d'une flèche, se présente avec cette clarté moelleuse dans le rythme des lignes assouplies et dans l'harmonie des blancheurs nacrées qui justifient le succès de ses nudités décentes. C'est toujours là le meilleur côté du talent de M. Bouguereau. L'égalité paisible de sa facture tendre et lisse s'adapte moins bien à des sujets douloureux comme la *Compassion* (le Christ en croix contre lequel vient s'appuyer, comme pour mettre en commun leur peine, un plébéien portant, lui aussi, sur les épaules, une lourde croix). Il semble qu'en une allégorie si poignante et si tragique on eût trouvé volontiers plus d'angoisse dans les expressions, plus de souffrance dans les corps, plus d'énergie dans les mouvements, plus de trouble, de chaleur, de pitié, de vie, quelque lumière moins calme et un paysage moins indifférent.

En 1857, M. Gérome, par la décision fine et précise de son style, par l'ingéniosité de ses compositions, par la variété et la sagacité de ses observations, agrandissait déjà singulièrement le champ de la peinture anecdotique et ethnographique. Ceux qui connaissent l'histoire de l'art contemporain savent quelle action rapide exercèrent, en des sens bien différons, deux au moins de ses tableaux alors exposés : la *Sortie du bal masqué*, sur les peintres de la vie parisienne, la *Prière chez un chef Arnaute*, sur les peintres orientalistes. Les années suivantes, le *Roi Candaule, César, Phryné* n'avaient pas moins de retentissement et créaient l'école archéologique. M. Gérome n'a pas été moins fécond que M. Bouguereau, il a suivi sa voie avec la même rectitude ; il a seulement ajouté, chemin faisant, à sa renommée de peintre une renommée non moins justifiée de sculpteur. On retrouve dans ses œuvres de cette année ses qualités accoutumées, dans la *Fuite en Egypte* un sentiment profond et délicatement exprimé du calme, du silence, de la nuit, du désert, dans l'*Entrée de Jésus à Jérusalem*, avec l'exactitude toujours curieuse du paysage, cet agrément et cette netteté de mise en scène qui assurent toujours à ses compositions, reproduites par la gravure, une rapide et légitime popularité.

Les portraits de MM. Bonnat, Henner, Paul Dubois tiennent toujours le premier rang dans cet ordre de productions. Tant que des artistes de cette valeur conservent de bons yeux et une bonne main, c'est assurément une grosse sottise de leur reprocher une monotonie qui n'est qu'apparente et qui ne l'est même que pour des regards peu exercés. N'est-ce pas en maniant avec patience le même outil que l'ouvrier apprend à s'en mieux servir ? Nous ne voyons guère le profit qu'ont tiré tant de jeunes artistes à changer de procédé suivant les modes, presque chaque année, alors que nous constatons, chez ceux-là, les résultats obtenus par la persévérance. Si l'on pouvait comparer les portraits exposés par M. Bonnat en 1857 avec son *Portrait de M. Joseph Bertrand, de l'Académie française*, on les trouverait, sans doute, à côté de cette effigie énergique, incertains ou pesans. Jamais M. Bonnat n'a sculpté, en plus belle pâte, dans un relief plus accentué, avec une exactitude et une solidité plus vivantes des dessous osseux et des enveloppes cutanées, plus franchement, ni plus hardiment, une physionomie si singulière et si caractérisée. La virilité de l'esprit qui anime ce masque puissant et qui en éclaire toutes les irrégularités parlantes, épatement du nez, écrasement des lèvres, inégalité des yeux graves et perçants, a trouvé là, pour l'exprimer, une virilité d'art qui ne fut commune en aucun temps, mais qui, dans le nôtre, en ces heures de débilité et d'abandon, prend un caractère d'héroïque et nécessaire protestation. On n'a jamais mieux prouvé ce que peut contenir de poésie saine et forte la fidélité hardie et complète à la réalité, la simple exaltation et accentuation du fait naturel. C'est aussi par une scrupuleuse et attentive étude de son modèle que M. Paul Dubois donne une si haute valeur à ses portraits ; l'analyse, plus discrète chez lui, songe moins à faire saillir le caractère physique qu'à déterminer l'expression morale ; comme M. Bonnat, il dédaigne tous les accessoires, croyant que le visage humain doit parler seul et par lui-même ; mais ses procédés de peintre sont si modestes, autant que la tenue de ses figures, que le public passe souvent devant lui sans s'arrêter. Chez M. Henner, on le sait, la soumission à la réalité n'est point aussi frappante ; ses interprétations des physionomies contemporaines semblent parfois si personnelles et si audacieuses qu'on croit n'avoir affaire qu'à d'admirables fantaisies d'un harmoniste passionné. Des deux bustes de femmes qu'il expose, l'un en robe rouge peut sembler, en effet, un morceau de bravoure d'une virtuosité trop rapide et déjà connue ; mais l'autre, celui de la jeune fille aux yeux gris, avec les longs cheveux flottants, poussé et caressé dans les pénombres et les demi-teintes, avec un soin et une délicatesse extrêmes, donne, par l'expression particulière de tout, le visage, le sentiment d'une réalité charmante délicatement ressentie et délicieusement exprimée.

Malgré la valeur des peintres d'histoire et de portrait, de 1855 à 1870, c'est, on le sait, le groupe des peintres rustiques qui exerça sur toute l'école l'action la plus nouvelle et la plus féconde. Ce sont les paysagistes, peuplant ou non leurs paysages de figures, les uns plus poètes et plus classiques, comme Corot et Millet, les autres plus réalistes et plus familiers, comme Théodore Rousseau, Daubigny, Troyon, Courbet, qui accoutumèrent peu à peu les yeux à une liaison plus naturelle et plus intime entre les figures et le milieu ambiant, à plus de sincérité et de simplicité dans la représentation des choses et des gens, à une clarté plus fraîche de la lumière librement répandue en plein air ou dans des intérieurs moins artificiels, ce sont eux, en un mot, qui ont préparé toute l'évolution, non terminée encore, de l'imagination contemporaine dans le domaine de la peinture. Des maîtres qui, de bonne heure, ont pris une part active à cet admirable mouvement il nous reste quelques-uns : MM. Français, Harpignies, Busson, Bernier, Jules Breton, Vollon, etc., et le Salon de 1897, après quarante, cinquante et soixante ans d'activité, ne semble pas montrer, vis-à-vis de leurs cadets, ces rudes travailleurs en décadence, bien au contraire. M. Français, le plus ancien, ne se rappelle à nous que par deux études graves et charmantes, la *Vallée de Cernay* et le *Ravin de Gihard*, où la distribution facile des lumières apaisées parmi les étagements des terrains bien assis et les masses des végétations bien construites atteste toujours une forte maîtrise ; mais on peut dire qu'il est présent dans toutes les salles, tant son influence s'y marque, de plus en plus, chez nombre de jeunes paysagistes s'inspirant de sa méthode pour lire avec clarté dans le panorama le plus compliqué et le plus embrouillé, et pour en dégager, avec les éléments essentiels, la signification durable et profonde par le rythme linéaire et l'harmonie colorée.

M. Harpignies, dont la personnalité si marquée ne s'est pourtant développée qu'avec lenteur, n'a pas été indifférent aux exemples de son vieil ami. Ses deux derniers paysages, les plus beaux du Salon, résument, avec une gravité puissante, tout l'effort d'une longue vie passée dans la contemplation réfléchie de la nature apaisée et apaisante. Comme chez M. Français, chez M. Harpignies, c'est d'abord la belle et solide ordonnance des premiers plans, arbres et terrains, au-delà desquels, sur des fonds tranquilles, s'étale une large lumière, qui attire et retient les yeux ; mais chez M. Harpignies, on trouve plus d'austérité, moins de distractions par le détail lumineux, une passion particulière et virile pour le grand silence et la grande solitude, et cette construction, plus rigide, prend un aspect pour ainsi dire monumental. Soit qu'on regarde, au fond de sa *Solitude*, s'éteindre les dernières lueurs du couchant, soit qu'on se sente doucement pénétré, devant les *Bords du Rhône*, par la sérénité calme d'une tiède matinée, l'impression éprouvée est toujours une impression prolongée et intense, une impression simple et durable, ou plutôt une forte synthèse des impressions infiniment nuancées que l'artiste a successivement éprouvées devant le même site, dans les mêmes occasions. C'est seulement par degrés que nous en pénétrons tous les détails, que nous saisissons et que nous comprenons tout ce qu'il a réuni de sensations accumulées dans les silhouettes et les masses fortement caractérisées de ses arbres, dans les dégradations multiples et savantes de ses terrains et de ses perspectives, dans les vibrations infinies et délicates de l'atmosphère fluide et de la pénétrante lumière.

C'est donc l'impression classique, dans le vrai et bon sens du mot. Or, l'on peut voir, par ces exemples typiques, combien elle diffère de l'impression fugitive et agitée, telle que la recherchent et la comprennent, par un légitime besoin de nouveauté et un perfectionnement logique de la vision, un certain nombre de paysagistes contemporains. Pour rendre la seconde, comme pour rendre la première, il faut, d'ailleurs, même lucidité d'analyse, même science des phénomènes, et une souplesse de main peut-être plus exercée encore. C'est là ce qu'oublient trop souvent quelques-uns de ceux qui se sont baptisés ou qu'on a baptisés du titre prétentieux d'*impressionnistes*, comme si la fonction essentielle des paysagistes n'avait pas toujours été de rendre, en la résumant plus ou moins, une impression reçue devant la nature ! comme si Ruysdaël, Claude Lorrain, Th. Rousseau, étaient moins impressionnistes que Van Goyen, Turner, Corot, parce qu'ils ont exprimé leurs impressions en un langage plus précis, plus détaillé ou plus condensé !

Voyons les successeurs immédiats de M. Français et de M. Harpignies, et nous les trouverons tous progressant avec la même sûreté, pour les mêmes raisons, si diverse que soit leur manière de voir. M. Vollon voit en brun où M. Harpignies voit en gris ; l'un montre autant de souplesse à couler ses pâtes de couleurs vives et légères, que l'autre met de rigidité dans sa touche nette et ferme. Mais, comme tous les deux apportent, en leurs études, autant de conscience et autant de science, les résultats sont identiques. Dans cette petite *Vue d'un port de mer*, par M. Vollon, quelle justesse d'impression et on même temps quelle exactitude de rendu ! Avec quelle précision légère, quelle sûreté délicate, sans une négligence, sans une insistance, toutes choses, constructions et navires, silhouettes et masses, solidités d'en bas et transparences d'en haut, sont indiquées, superposées, emmêlées et démêlées, dans un harmonieux accord de gris et de bruns d'une tonalité exquise ! Un peu plus loin, le *Pouliguen*, par M. Busson, d'une maîtrise moins hardie, mais d'une sincérité de plus en plus affinée, repose la vue par un jeu bien délicat de lueurs et de demi-lueurs ; et si le *Chemin du Bourg*, de M. Camille Bernier, et la *Lisière de forêt*, par M. Emile Michel, ne s'enveloppent pas d'une si molle caresse de lumière, on y sent, toujours, cependant, la main de maîtres expérimentés, l'un plus familier, l'autre plus énergique, dans la décision et le soin avec lesquels l'armature et la parure des grands arbres, qu'ils connaissent si bien et qu'ils aiment tant, sont présentés et exécutés. L'attitude des géants végétaux qui défendent la *Lisière de forêt* a même un caractère de majesté héroïque dans un style résolu, quoiqu'un peu détaillé, qui rappelle la grande manière de Paul Huet.

Bien que M. Zuber soit d'une autre génération, il a tant de rapports, et de si excellents, avec tous ces maîtres, qu'on peut le ranger parmi eux. Chez lui, même admiration silencieuse et discrète des grands et beaux spectacles de la nature, même désir de raconter ses joies intimes et profondes avec une fidélité émue, même science et même expérience pour le faire. Ses deux paysages, la *Journée orageuse aux environs de Fontainebleau* et le *Lever de l'une au cap d'Antibes*, sont tous deux de la plus belle venue. Dans l'un, l'angoisse muette et poignante de la terre écrasée de chaleur sous la menace mouvante des grands nuages prêts à éclater, dans l'autre la quiétude doucement mélancolique des grands oliviers caressés de lueurs pilles, sont rendues avec une touchante sincérité. Aucun cri, aucun éclat dans ces poèmes de la campagne ; tout y est dit pourtant, et bien dit, dans un langage serré, savamment sobre et délicieusement choisi, où le mot, c'est-à-dire la touche, est toujours juste et toujours à sa place.

M. Jules Breton, l'un de ceux qui inaugurèrent le plus brillamment le Palais de l'Industrie en 1857 et 1859, est aussi l'un de ceux qui auront jeté le plus d'éclat sur sa clôture. Entre la *Bénédiction des blés* et le *Rappel des glaneurs* (Musée du Luxembourg) et la *Cueillette des olives*, le talent de l'artiste s'est modifié, varié, assoupli ; il n'a point diminué. Au point de vue de l'expression pittoresque par le jeu des couleurs et des lumières, la *Cueillette des olives* témoigne même d'une expérience plus consommée, d'une observation plus délicate, d'une légèreté de main plus sûre d'elle-même. Au point de vue du caractère rustique, le sentiment est peut-être même plus libre et plus simple, et l'on n'éprouve aucun doute sur l'exactitude des mouvements et des gestes de ces paysans vraiment saisis dans la naïveté de leurs occupations familières. Sur le champ plat qu'illumine doucement une lueur rosée du soleil, tombé là-bas, sous l'horizon, un paysan et une paysanne, debout, dressent, au milieu, un faisceau de gerbes, tandis que, sur le devant, deux jeunes filles se baissent pour ramasser à terre d'autres paquets d'œillettes (l'une de ces deux figures, celle de droite, tête nue, pieds nus, corsage flottant, est d'une poésie tout à fait charmante). A gauche, dans l'éloignement, quelques femmes plus âgées, coiffées de capelines, longeant le champ d'oeillettes, continuent la récolte. Quel plaisir on éprouve à sentir dans toutes ces attitudes, dans tous ces gestes, dans tous ces airs de tête, les charmes de la vérité simplement sentie et délicatement exprimée ! Et quelle joie de sensations saines donnée par l'exquise et savante résonance de toutes les notes de couleurs tendres et apaisées sous le doigté léger et savant du peintre-poète dans le calme grave de ce tiède crépuscule ! L'influence de M. Jules Breton sur les peintres campagnards, depuis quarante ans, n'a pas été moindre que celle de M. Français sur les paysagistes ; cette dernière œuvre n'est point faite pour en diminuer l'action. N'est-il pas naturel que cette action se soit exercée d'abord en famille ? Dans le groupe, de grandeur naturelle, peint par Mme Démont-Breton, *A l'eau*, une paysanne entraînant vers la vague un enfant nu qui pleure et qui résiste, on retrouve le goût paternel pour la fusion caressante de la lumière autour des formes, en même temps qu'une fermeté, toute masculine, dans le dessin des nus. On pourrait encore trouver, parmi les survivants de 1857 et de 1859, d'autres peintres dont le talent, grâce à une conviction soutenue, s'est mûri sans déchoir ; nous nous contenterons de citer M. Appian, de Lyon, le contemporain de M. Harpignies, avec son *Commencement de Crépuscule*.

II

C'est par les mêmes qualités de persévérance réfléchie dans leurs études et d'obéissance sincère et constante à leur tempérament que, dans la génération intermédiaire, celle qui a fait ses débuts entre 1860 environ et 1875, mais qui fut déjà plus troublée et plus incertaine, un certain nombre de peintres ont survécu au trop prompt naufrage de la plupart de leurs compagnons, victimes d'une versatilité stérile ou d'ambitions disproportionnées. Nous regrettons, cette année, de ne point trouver ici quelques-uns des meilleurs d'entre eux, MM. Cormon, Luc-Olivier-Merson, François Flameng, Morot, Maignan, par exemple, mais nous nous consolerons de ces absences momentanées avec MM. Fantin-Latour, Jules Lefebvre, Jean-Paul Laurens, Benjamin-Constant, Humbert et quelques autres.

Avec quelle modestie discrète et quelle patience convaincue, depuis ses débuts, si admirés des connaisseurs aux Salons de 1864 (*Hommage à Delacroix*) et de 1865 (*le Toast*), M. Fantin-Latour, l'un des premiers rénovateurs, avec Feyen-Perrin, du portrait collectif ou tableau de corporations, n'a-t-il pas poursuivi à la fois, dans la plus digne retraite, ses études de praticien érudit et raffiné et ses rêveries de lettré et de musicien ! C'est avec un art charmant qu'il mêle, dans ses petites fantaisies décoratives, les réminiscences de Corrège, de Prudhon, des Vénitiens, se montrant là dilettante aussi délicat qu'il reste dans ses portraits interprète honnête et scrupuleux de la réalité. Sa facture très particulière, piquée, hachée, pointillée, dont l'imitation, surtout en de grandes toiles, est si dangereuse, est maniée par lui avec une habileté extrême dans son *Heure de Nuit*, une petite figure allégorique et classique, très finement rajeunie. C'est aussi par des analyses heureuses de la lumière attendrie autour des formes vivantes, nues ou drapées, dont elles caressent et révèlent la grâce ou la beauté que se distinguent une étude de dame, en robe de chambre, assise, *Auprès du feu*, par M. Tony Robert-Fleury, et une étude de jeune femme se promenant dans un bois, *Intimité*, par M. Raphaël Collin, ainsi que sa petite *Biblis*. Le talent de ces deux artistes, en se condensant dans de moindres toiles, s'est assoupli chez le premier et raffermi chez le second. Auprès d'eux, M. Dantan, qui fut l'un des premiers à faire jouer, avec charme, la lumière franche et crue du plein jour dans la blancheur des murs, des marbres, des étoffes, des chairs, et en faire sortir mille accords subtils et inattendus, continue sur ce point, avec la même virtuosité, ses études ingénieuses dans ses *Intérieurs d'atelier* dont l'un est celui du sculpteur Aube. Toutefois, c'est à la section des pastels qu'on peut le mieux apprécier le développement de son talent en deux excellents morceaux, le *Déjeuner* et le *Portrait de Mme E. . C…*

Ce n'est point par ces harmonies indécises ou subtiles de la lumière que sont attirés d'ordinaire MM. J.-P. Laurens, Detaille, Benjamin-Constant, praticiens plus virils et plus résolus, dont la vision est plus simple, la touche plus franche et plus nette, parfois même, chez les deux premiers, franche jusqu'à la rudesse et nette jusqu'à la sécheresse. Rudesse et sécheresse, c'est ce que des yeux accoutumés aux mollesses fondantes du paysage décoratif ou aux colorations joyeuses du paysage réel tel qu'on l'a compris en ces derniers temps, s'étonnent d'abord de trouver dans cette immense vue panoramique d'un coin du *Lauragnais* destinée par M. J.-P. Laurens à la salle du Capitole à Toulouse. Le peintre des Mérovingiens et des Albigeois a mis à détailler l'âpreté du paysage natal, avec la dureté de ses lignes rigides et de ses tons de cendre ou de sang dans les terrains brûlés, sous la brutalité de la lumière, toute l'énergie rigoureuse qu'il apporte dans ses restitutions historiques. Même conscience, même austérité, même indifférence pour le charme, même force aussi de caractère et d'exactitude qui s'impose par la fermeté implacable de l'exécution. Les laboureurs encapuchonnés qui, sur les premiers plans, poussent, avec une lenteur triste, leurs couples de grands bœufs dans la longueur monotone des sillons silencieux, sont des rustres du moyen âge. Le paysage aussi, avec ses partis pris naïfs et énergiques de plans superposés et de divisions régulières comme les sections d'un plan cadastral, et ses minutieuses exactitudes du détail végétal, est un paysage du moyen âge, une miniature agrandie avec tout le charme sain de cette maladresse émue et honnête que nous admirons chez les Van Eyck, les Limbourg, les Fouquet. Il est clair que M. J.-P. Laurens l'a voulu ainsi, car nous n'avons qu'à regarder le *Portrait de son fils Pierre*, par le même artiste, pour savoir combien sa facture, à l'occasion, peut devenir souple, brillante, libre, joyeuse. Ce jeune homme, au teint frais, aux yeux vifs, en vareuse grise, les jambes croisées, est un morceau remarquablement enlevé, avec une virtuosité franche et heureuse, qui est celle d'un bon naturaliste et non seulement celle d'un dilettante bien informé.

Combien cette virtuosité est moins étourdissante, mais combien elle est plus saine, plus féconde, moins dangereuse, que cette virtuosité littérale et quasi pédantesque dans laquelle s'enferme M. Roybet ! L'extraordinaire habileté de M. Roybet est hors de cause ; on peut même ajouter qu'en un temps où le métier est si fort négligé, il nous a rendu grand service en prouvant, par son exemple, ce que vaut un bon et savant ouvrier. Jamais même il ne s'est approché plus près de son dernier modèle, de Frans Hais, qu'il ne l'a fait cette année, dans son *Porte-Étendard*, et dans son *Philippe Cluvier*. Au premier abord, de loin, on croit apercevoir deux œuvres inédites du maître de Harlem, deux œuvres de son bon temps, de 1630 à 1640, un peu défraîchies, il est vrai, un peu baissées de ton, moins joyeuses et moins vives, mais savamment enlevées, avec les coulées de pâtes et les rehauts opportuns, par sa manœuvre accoutumée. Les têtes sont modernes, sans doute, des têtes connues (le *Porte-Étendard* est le paysagiste Guillemet), étudiées sur le vif avec une acuité remarquable, mais, en s'affublant de costumes hollandais, voici qu'elles ont pris aussi l'air hollandais, en sorte que tout cet appareil savant, et toute cette incroyable habileté n'aboutissent, en somme, qu'à des pastiches. L'élève, déjà célèbre, de M. Roybet, Mlle Juana Romani, tout en suivant les enseignements de son maître dans ses figures costumées, *Dona Mona* et *Faustolla da Pistoja*, y ajoute, soit dans le caractère et l'expression des têtes, soit dans l'allure ou les ajustements, une pointe de fantaisie et de liberté qui vivifie son dilettantisme. Toutefois, en fait de portrait ou de représentation de la vie moderne, tout ce qui ne sent pas la vérité immédiate, la réalité franchement interrogée, n'est plus guère de nature à nous séduire sérieusement ; aucun travestissement, aucun costumage historique ou mythologique ne vaut, désormais, la franchise d'une beauté sans déguisement ou l'honnêteté d'une laideur sans hypocrisie. M. Détaille est loin d'avoir, dans sa touche, le brio et l'entrain de M. Roybet ; mais ce qu'il y met de justesse et de sagacité lui appartient, du moins, en propre, et personne n'apporte plus visiblement dans ses analyses de la figure contemporaine cette vieille qualité française qui suffisait aux Clouet, aux Lépicié, aux RBilly, aux Meissonier, la loyauté. La précision des physionomies, la vérité des attitudes, donnent à tous les portraits groupés dans son petit tableau des *Funérailles de Pasteur* une valeur iconographique et historique qui grandira encore avec le temps ; il suffit d'admirer cette exactitude pour voir ce qui manque à la plupart des grands tableaux officiels, très nombreux dans les deux Salons, où des artistes, jeunes ou vieux, ont voulu grouper des personnages vivants ; la prestesse ou l'aplomb de la facture n'y ont pu remplacer l'autorité et le charme que donne seul le respect consciencieux de la vérité. MM. Benjamin-Constant et Jules Lefebvre ne sont pas, tant s'en faut, des artistes indifférents aux conseils du passé. On peut même dire d'eux, à leur louange, comme on a pu le dire de Reynolds, de David, de Prudhon, d'Ingres, de Baudry, de Ricard, de Delaunay, qu'ils ne cessent de retourner à l'école. L'admiration d'Ingres, depuis quelques années, a notamment apporté à M. Benjamin-Constant, d'abord plus exclusivement coloriste, des qualités nouvelles de force et de style ; mais si cette admiration se traduit chez lui, d'une façon marquée, par certaines parentés d'exécution, on n'y peut voir pourtant ni la soumission d'un imitateur servile, ni l'abnégation d'un pasticheur indifférent ; on y suit, au contraire, le travail personnel de l'artiste en progrès qui se complète chaque jour par l'assimilation et par l'observation. L'œuvre la plus importante de M. Benjamin-Constant, le portrait en pied de *S. A. R. Mgr le Duc d'Aumale*, excitait déjà la curiosité, avant que le crêpe funèbre déposé au pied du cadre n'y attirât chaque jour le pèlerinage des visiteurs respectueux. Aujourd'hui l'on croit voir une sorte de pressentiment dans le choix que le prince avait fait d'un paysage d'automne, sous un soleil pâle, pour s'y asseoir, muet et pensif, au retour d'une promenade ou d'une chasse, et dans cette expression générale de fatigue mélancolique qui, de son vivant, avait surpris jusqu'à ses familiers, tant elle semblait contraire à la vaillance toujours virile de cette âme fièrement accoutumée aux injustices du sort autant que résolue à n'en point laisser amollir son courage, ni troubler son intelligence, ni lasser sa bonté. C'est avec une émotion visible que le peintre a étudié cette noble figure, et cette émotion même semble avoir, en quelques parties, retenu la virtuosité habituelle de son pinceau ; l'aspect de son œuvre n'a pas, semble-t-il, d'un bout à l'autre, notamment dans la tenue du corps, dans l'accent de la physionomie, dans leur liaison avec le paysage, la résolution magistrale qu'on était en droit d'y chercher, Avec la figure plus familière et plus simple de *M. Ernest Chauchard*, à mi-corps, M. Benjamin-Constant a retrouvé toute sa décision. L'épanouissement du visage frais et ouvert, avec ses rougeurs franches, entre les blancheurs vives des cheveux courts et des longs favoris, la carrure solide et paisible du corps, la fermeté vigoureuse des mains grasses et souples, sont rendus avec la franchise assurée d'un excellent dessinateur et d'un beau coloriste. Le métier, chez M. Jules Lefebvre, n'est point si robuste, ni si riche, ni si éclatant ; il semble même qu'en analysant de plus près, avec une acuité de vision et une conscience d'analyse toujours croissantes, les visages et les gestes humains, cet honnête et fin portraitiste s'efforce d'alléger son dessin de toute surcharge et de tout éclat pouvant en compromettre la pureté. Cette façon grave et naïve, et dépouillée de tout artifice, de fixer légèrement sur la toile une silhouette à peine teintée, suffit d'ailleurs à M. Jules Lefebvre, en ses bons jours, pour tracer des figures inoubliables, tant cette silhouette est juste et vivante dans le rythme exact et précis de ses lignes, tant ces teintes sont délicates et fines dans la distinction de leurs accords discrets. C'est le cas, si nous ne nous trompons, pour cette charmante figure de jeune fille en blanc, dans une chambre blanche, *Mlle B...*, dont le profil est à la fois si candide et si décidé, et dont les mains sont d'un dessin si tranquillement hardi. Le portrait même de *M. le comte B. de C...*, en pied d'aspect plus froid, et plus mince, a des qualités de tenue et de sincérité qu'on ne trouve guère ailleurs. Pour admirer, avec un jeu de colorations plus savoureuses, de beaux portraits, d'un style moins fier et moins sobre, mais d'une allure bien vivante et d'une exécution particulièrement habile, on n'a qu'à passer dans la salle voisine, où M. Ferdinand Humbert (un exemple aussi de réflexion, de conscience laborieuse, de progrès incessants !) expose *M. André H...* en costume d'escrime, et *Mme la comtesse de B...* en vêtements de soirée. Cette dernière figure possède la plus rare des élégances, l'élégance sans affectation, et l'orchestration assoupie des gris chauds, des bleus apaisés et des blancheurs tièdes y est conduite avec une expérience consommée.

III

L'audace sied à la jeunesse. Ce qui lui sied plus encore, c'est la fraîcheur d'imagination et la chaleur de l'âme. Fraîcheur ou chaleur, c'est, à vrai dire, ce qu'on trouve le moins dans la plupart des vastes toiles où nos jeunes peintres s'épanchent le plus librement. Une sorte de lassitude inquiète et de désenchantement précoce donne à leurs rêves l'apparence d'une combinaison, laborieuse et sans joie, de réminiscences voulues, quand elle ne les transforme pas en cauchemars excentriques ou grossiers. Entre leurs yeux déjà blasés et la nature qui les appelle, flotte on ne sait quel voile grisâtre, éternellement tendu, quel jaune brouillard qui ternit la splendeur des roses et qui attriste le sourire des femmes. Quand la beauté leur apparaît, cette beauté dont ils se proclament les prêtres, c'est presque toujours déjà fanée et flétrie, avec des imperfections si blessantes ou des raffinements si pervers qu'elle ne mérite plus guère ce nom, ayant perdu, entre leurs mains maladroites ou fébriles, toute la grâce, douce ou superbe, qui lui assure, dans la vie, la séduction pour les yeux et la domination sur les cœurs. La jeunesse, pourtant, semblait sourire dans les sujets choisis. « *Les Noces de Flore* », chuchote M. Lavalley, « *Poésie* », nous dit M. Surand, « *le Printemps* », murmure M. Franck-Lamy, « *Songe d'une nuit d'été* », nous assure M. Gervais, et ainsi de suite. Nous ne parlons là que des bonnes œuvres, de celles qui indiquent une certaine maturité de science, de la réflexion et du progrès. Toutes d'abord sont trop grandes, soit parce que les figures, trop rares ou mal groupées, ne les remplissent pas, soit parce que la force ou l'éclat de la peinture ne correspond pas à la grandeur du cadre, et c'est déjà une impression fâcheuse. Les *Noces de Flore*, de M. Lavalley, sont d'assez tristes noces, tristes par la mélancolie terne du jour incertain autant que par la langueur anémiée des nudités flottantes. C'est dans le halo spectral d'une projection électrique que le Zéphyr ailé, souffle du printemps, descend d'en haut, offrant sa main à Vénus qui va l'unir à celle de la déesse des fleurs. Mariage aux lanternes, ou, tout au moins, mariage au théâtre, sous des lueurs artificielles qui décomposent formes et couleurs. Les fleurs en sont toutes jaunies, et les carnations transpercées. Quant au vieux soleil, démodé et méprisé, on le met au rancart, parmi les accessoires. Cette contradiction foncière entre l'annonce faite et le spectacle donné, cette inconsistance surtout, terne et confuse, des figures presque insaisissables dans une agitation d'accessoires non moins confus laissent à peine constater ce que l'artiste a réuni là d'études sérieuses et de recherches délicates, tout ce qu'il a perdu là d'effort et de talent.

Dans la *Poésie au clair de lune*, par M. Surand, la plastique est plus accentuée, plus banale aussi et plus scolaire, sans aucune de ces nuances personnelles qu'on estime chez M. Lavalley. Un jeune étudiant, un poète, un symboliste sans doute, le col engoncé dans une lourde cravate noire, est assis sous un arbre, la nuit, près d'un fleuve. Il rêve. Que rêve-t-il en ce bel âge ? Des anges, comme Vigny ? Des muses, comme Ronsard ? Des orientales, comme Hugo ? Des déesses, comme Leconte de Lisle ? De belles amoureuses, chastes ou passionnées, comme Lamartine ou Musset ? C'est beaucoup plus simple. Son imagination est satisfaite par la vue de trois modèles féminins qui, déjà mis à nu, se roulent à ses pieds, tandis qu'un quatrième, debout, enlève son dernier voile, j'allais dire sa chemise. Ce n'est pas un sérail en plein air, c'est un atelier. Nulle transposition, nulle exaltation, par conséquent, peu de poésie, et, ce qui est pis encore, dans l'exécution, peu d'entrain, pas de couleur, rien de pris sur tout ce vif qui semble mort. M. Surand avait débuté par des essais plus hardis, d'une facture inégale, mais souvent chaude et forte, d'une conception assez personnelle. D'où vient cette excursion inattendue dans le domaine académique ? N'est-ce pas que lui, comme tant d'autres, se laisse, hélas ! troubler annuellement par le dernier qui parle ou le dernier qui réussit ? Fragilité déplorable des convictions, instabilité stérilisante des esprits qui, depuis vingt ans, accumule les avortements et les désespoirs. Buvez donc dans votre verre, sans tant regarder au verre du voisin ; liqueur forte ou douce, la nature et la vie y verseront toujours quelque chose ; à vous de savoir vous en contenter.

M. P.-Franck-Lamy et M. Gervais suivent leur voie avec plus de décision. M. Franck-Lamy, depuis longtemps, cherche l'accord de figures féminines, ni trop réelles, ni trop rêvées, ni trop déshabillées, ni trop costumées, avec un paysage assorti. Il apporte, dans cette recherche, où quelques-uns le suivent, quelques qualités fort appréciables : de l'élégance et de la chasteté dans le choix des formes, de la grâce et de la distinction dans l'indication des mouvements et dans le goût des ajustements, avec beaucoup de pauvretés et de timidités dans le rendu et dans la tonalité générale, d'un aspect d'ailleurs délicat, qui compromettent ces qualités. En vérité, ce *Printemps* nous paraît bien peu frais, peu fleuri, peu brillant, pour un printemps idéal, à nous qui avons, autrefois, connu l'ancien printemps. Mettons, après tout, que c'est un printemps à la mode de 1897, une sorte d'hiver tardif ou d'automne précoce, avec l'inquiétude d'une saison manquée et d'une espérance trahie ; le décor, dans ce cas, est vraisemblable, et les jeunes femmes (un peu clairsemées), nous sembleront, comme elles sont, d'aimables apparitions, qu'on ne serrerait pas de trop près sans doute sans les briser, mais qui ont du charme et de la jeunesse dans leurs allures fugitives. Dans sa *Folie de Titania* (*le Songe d'une nuit d'été*), M. Gervais, s'inspirant de Shakspeare, aurait pu, sans inconvénient, distribuer aux fées qui entourent leur reine quelques légers habillements et objets de toilette ; c'eût été plus conforme à l'esprit de la Renaissance, et c'était, pour une fantaisie de peintre, l'occasion d'agrémenter et de caractériser toutes ces figures, groupées au clair de lune, entre les troncs des pins et des chênes verts. Rien de plus contraire, en général, au plaisir des yeux, que ces brutaux assemblages, trop naïfs ou trop provocants, de figures uniformément nues, sous un prétexte quelconque, auxquels se complaisent, en ce moment, les quelques peintres qui se piquent encore d'amour pour la beauté plastique. Les Grecs et les Italiens même avaient presque toujours compris qu'une draperie bien placée, un voile habilement ajusté, contribuent, au contraire, à faire valoir la grâce ou l'excellence des formes autant qu'à donner sa valeur au mouvement et à l'expression. En privant ses fées de leurs ajustements coutumiers, M. Gervais s'est privé d'un moyen pittoresque de liaison entre elles et le paysage. Telles qu'elles sont, ces fées ou ces nymphes qui s'amusent de la folie de leur maîtresse (c'est l'instant où Titania, ensorcelée par ce farceur de Puck, couronne de roses la tête d'âne gigantesque qui surmonte les épaules du sot Bottom) sont pourtant d'assez belles filles. L'héroïne elle-même, avant de poser Titania, a posé *la Source* chez Ingres ; elle en garde l'attitude et s'efforce d'en rappeler le style ; M. Gervais a cherché parfois ses inspirations en moins bon lieu. De ses quatre suivantes, l'une, assise au pied d'un arbre, en face du couple grotesque, se cache le visage pour mieux rire ; la seconde, debout, se dissimule derrière l'arbre ; les deux autres, aux extrémités, sont accroupies sur le gazon. Toutes sont modelées, sous une lueur frisante, avec soin et finesse, dans un sentiment d'art plus délicat que les nudités précédemment présentées par le même artiste.

Avec M. Henri Martin, pas d'erreur. « *Vers l'abîme* » nous crie-t-il d'une voix énergiquement chevrotante. Et, sur la gauche de sa grande toile, semble en effet, au bout d'une longue steppe, s'ouvrir quelque précipice vers lequel roule, arrivant du fond de l'horizon, une grande foule entraînée par un monstre étrange. A le voir de plus près, ce monstre n'est qu'une créature abjecte, sortie de l'égout où elle va rentrer, fille de trottoir affublée de grandes ailes de chauve-souris, dont les nudités flasques et malsaines essaient de se raviver par les transparences funèbres d'un peignoir de crêpe noir et les sanglantes rougeurs de ponceaux piqués à sa ceinture et dans ses cheveux. C'est vers cette basse Luxure, suffisamment caractérisée, cette Luxure de barrière, que se précipitent, en se bousculant, se renversant, s'écrasant, des cohues haletantes de damnés de tout sexe, de tout âge et de toute condition, au-dessus desquels tourbillonnent de longs vols de corbeaux. A distance, dans l'harmonie habilement combinée et dégradée des sables jaunissants, des montagnes bleuissantes, des cieux rougissants, les taches que juxtaposent ces nudités piquées de haillons bizarres projettent une sensation vive d'entraînement irrésistible. Si une conception de ce genre pouvait se réduire à un effet surprenant et bizarre, disons même, agréable, de kaléidoscope, on devrait se déclarer satisfait. Mais le peintre ne cache point qu'il a eu d'autres intentions, des intentions morales et des intentions plastiques. Nous sommes donc bien obligés de lui demander si son intention morale est réalisée par la hideur répugnante de sa prétendue séductrice, et si ses intentions plastiques le sont par l'inconsistance papillotante de tous ces corps enchevêtrés. Bien que M. Henri Martin se soit efforcé de corser sa facture, et que la plupart de ses figures soient d'un mouvement juste et expressif, il leur enlève trop encore de leur vraisemblance par son procédé de pointillage laborieux, pour que cette grande toile semble autre chose qu'une illustration agrandie de journal satirique et un échantillonnage curieux de tenture décorative.

Le désir de poésie qui agite les jeunes peintres ne se traduit pas toujours par des rêveries aussi morbides ; néanmoins, il faut bien constater que les formes féminines, costumées ou nues, qui flottent dans leur imagination ne respirent guère, en général, ni la santé, ni la gaieté ; la plupart sont malingres, chétives, vaporeuses, ou d'une distinction maladive péniblement accentuée par le maniérisme de l'attitude et la tristesse du paysage environnant.

On ne saurait nier qu'il y ait un certain charme d'élégance et de délicatesse dans l'Eve diaphane et insaisissable du Paradis, de M. Lévy-Dhurmer, dans les femmes fuyantes et mystérieuses de l'*Air tiède du soir*, par M. Boyé, de l'*Illusion*, de M. Bellery, du *Tombeau de Daphnis*, de M. Rieder, dans *Au bord de l'eau*, de M. Ridel, dans la *Sicile*, de M. Laurent et dans la plupart des toiles décoratives où apparaissent, en se tortillant, quelques silhouettes allégoriques. Mais combien tout cela est mince, indécis, conventionnel, dépourvu d'un sentiment jeune et personnel de vie ou de beauté ! Il y a plus d'effort vers une exécution plus franche et plus complète chez quelques peintres de légendes, religieuses ou mythologiques, notamment chez M. de Richemont, *Autour du berceau* (un ange berçant l'enfant pendant le sommeil de sa mère), M. Berges (*Saint Georges vainqueur*), M. Etcheverry (*Naissance de Pégase*), le premier plus sensible et aussi plus naturaliste, les autres plus coloristes ; chez M. Godeby (*Adoration des Bergers*), chez M. Maxence (*Chanteuses*), chez M. Paul-Albert Laurens (*Glaukè et Thaleia*), chez M. Desvallières (*Le Soir*), etc. Plusieurs de ces artistes sont des élèves de M. Gustave Moreau ou tout au moins des admirateurs et imitateurs de ce talent noble et précieux. On ne saurait que les féliciter d'apprendre chez un maître d'une si merveilleuse imagination et d'un enthousiasme si ouvert le mépris du trompe-l'œil banal et le goût des raretés savoureuses. Il ne faudrait point cependant que cette intelligence avisée des maîtres primitifs et exceptionnels, que cette légitime horreur des réalités grossières dégénérât chez eux en un dilettantisme inquiet qui les détournât longtemps de la seule fidèle et seule nécessaire inspiratrice, de la nature, pour les livrer en proie à la passion stérile d'une incessante curiosité.

L'exemple de M. Desvallières, un artiste si bien doué, qui abandonnant les solides et sérieuses études par lesquelles il débuta, pour amonceler dans son *Annonciation*, d'un échantillonnage si amusant, mais d'une conception si factice, toutes sortes de naïvetés des vieux maîtres qui se transforment, chez un moderne, en conventions insupportables, a de quoi faire réfléchir. Plus avisés sont ceux qui, comme M. Béronneau (*Dans l'atelier*) et M. Morisset (*l'Aqua-fortiste*) appliquent leur délicatesse de vision et leur habileté de touche (à des études de lumière dans un milieu contemporain. M. Sabaté, dont les débuts, dans le portrait, avaient été si fort remarqués l'année dernière, en appliquant les principes de son atelier à l'étude de l'architecture, dans l'*Intérieur de Saint-Germain-des-Prés*, a peint un excellent tableau, d'une chaude et forte harmonie, d'une impression exacte et grave. Bien que M. Thaner soit élève de MM. Robert-Fleury et Bouguereau, c'est aussi du côté de M. Gustave Moreau et surtout de Rembrandt qu'il regarde. La *Résurrection de Lazare*, d'une composition presque nouvelle, très réfléchie et bien condensée, groupe, sous une lumière habilement distribuée, un certain nombre de figures expressives, en de justes attitudes, avec des physionomies très caractérisées. Malgré un certain aspect jaunâtre et vieillot, dû à l'abus des tons sourds et ombrés, c'est un début très remarquable. M. Thaner est Américain.

Les étrangers, comme d'habitude, sont assez nombreux, et nous leur devons quelques bons exemples de peintures aussi bien exécutées que conçues. Le tableau, si simple et si poignant, de M. Struys, *Consoler les affligés*, est déjà populaire, et prouve une fois de plus combien il est inutile d'aller chercher midi à quatorze heures, quand on sait voir, sentir, comprendre et peindre. Dans un intérieur flamand, un prêtre, en soutane noire, est assis sur une chaise de paille, près d'une femme du peuple dont il tient les mains et qui pleure. Les figures sont de grandeur naturelle, serrées à l'étroit dans le cadre. Comme accessoires, quelques objets de ménage, au fond, sur un meuble ; les visages, tournés ou cachés, sont à peine entrevus : et c'est tout. Mais on sait combien M. Struys excelle à exprimer les sentiments, surtout le sentiment de douleur, par l'attitude et par le geste, et aussi par la gravité robuste de sa touche flamande, grasse, généreuse, colorée. C'est un modèle de composition et d'expression concentrée. On remarque, avec moins d'expression, des recherches de même ordre dans le tableau voisin d'un Espagnol, *Triste Antesala*, triste antichambre, l'antichambre d'un Mont-de-Piété, par M. Bilbao, dont le compatriote, M. Sorolla, nous donne, au contraire, dans la partie supérieure de son groupe d'*Ouvriers cousant la voile* en plein soleil, un des rares, trop rares spécimens de belle peinture gaie, vive, lumineuse, dans ce Salon mélancolique, si abondant en grisailles ennuyées.

N'exagérons rien cependant et, si nous en avions le temps, nous pourrions, parmi nos jeunes artistes, parmi les peintres de mœurs contemporaines, les portraitistes et les paysagistes surtout, relever un assez beau nombre de praticiens qui ne doivent nous laisser aucune inquiétude pour l'avenir, si, profitant de l'exemple de leurs devanciers, obstinés à leur tâche, renonçant aux à peu près, poursuivant la perfection, indifférents à la mode et aux bavardages, ils suivent résolument et franchement la voie où les pousse leur tempérament. Déjà chez quelques-uns, comme chez MM. Henri Royer (les *Communiantes* et le *Portrait du Docteur S…*), M. Saint-Germier (*Confrérie dans le Baptistère de Saint-Marc*), Edmond Picard (*Les Femmes et le Secret*), Joseph Bail (*La Ménagère*), Buland (*Devant les Reliques*), Adler (*Les Las*), Triquet (*Acte de Foi, communiantes*), le progrès est si régulier et si évident qu'on peut attendre d'eux prochainement beaucoup plus encore qu'ils ne donnent, si intéressants que soient déjà leurs ouvrages. D'autres noms moins connus, comme ceux de MM. Bastet, Chahin, Cayron, de Mlle Dufau (*Fils de Mariniers*), Fouqueray (*Trafalgar, 22 octobre 1805*), dans le même ordre d'idées, méritent de se fixer dans la mémoire.

Quant aux bons portraitistes et aux bons paysagistes et animaliers, ils sont véritablement légion ; lorsque nous aurons cité, parmi les uns, presque au hasard de la rencontre, MM. Baschet, G. Ferrier, Maxime Faivre, Wencker, Umbricht, Lockhart, Duvent, Tardieu, Aviat, Amas, L.-Edouard Fournier, Paul Abram, Mlle Beaury-Saurel, MM. P. Blanchard, Boisson, Bonhomme, Gourse, Joannon, Mlle Guyon, MM. Chamson, Paul Leroy, E. Renard, Saint-Pierre, Tailleférié, Vigoureux, et parmi les autres, MM. Tattegrain (*Sauvetage en pleine mer*), Demont-Breton (*Lever de l'une en hiver. — Nudus in nuda terra*), Luigi-Loir (*Souvenir du 7 octobre 1890 : Aspect de la place de l'Hôtel-de-Ville, le soir*), Petitjean, Rigolot, Simonnet de Clermont, Marché, Cagniart, Gosselin, Ruellan, Wallet, Antin Lévis, Bosier, Quost, Paulin-Bertrand, Bouché, Barillot, Julien Dupré, Calvé, Lalobbe, Olive, C. Paris, Pezant, Marais, nous n'aurons pas énuméré complètement les artistes de valeur dont les œuvres, moins importantes ou moins caractéristiques que colles dont nous avons pu parler, se trouvent un peu perdues dans la multitude croissante des médiocrités. Ce n'est point dans le pêle-mêle des Salons, heureusement, que se font toutes les justes et bonnes renommées de peintres ; tôt ou tard, dans les musées et les collections, l'Art finit toujours par reconnaître les siens.

II. LA SCULPTURE AUX DEUX SALONS — LA PEINTURE AU CHAMP-DE-MARS

I

Les sculpteurs, en grande masse, seront restés fidèles jusqu'au bout à cette nef gazonnée du palais de l'Industrie dans laquelle ils ont, presque tous, fait leurs débuts. Cette année encore, ils y auront présenté 837 morceaux de grande sculpture, alors que le palais du Champ-de-Mars n'en a réuni que 148, La proportion reste la même pour la gravure en médailles et sur pierres fines, et pour les objets d'art dans lesquels domine la sculpture. Les sculpteurs, même les plus novateurs et les plus inquiets, sont gens de tradition. La technique de leur métier est plus rigoureuse que celle des peintres, moins variable aussi et moins facilement livrée aux discussions vaines ; le public, en général, les respecte plus qu'il ne les aime, et les estime plus qu'il ne les comprend. Cette sorte d'isolement leur fait, au milieu du monde bruyant des peintres, une situation excellente dont nous avons déjà plus d'une fois apprécié les heureux résultats. S'ils veulent suivre, comme ils le peuvent et comme ils le doivent, les évolutions de la pensée moderne et de l'imagination contemporaine, ils y apportent forcément une réflexion et une prudence qui les gare des précipitations stériles ; et, s'ils ne réussissent point toujours en leurs tentatives difficiles de transformation, ils restent, du moins, le plus souvent, de bons ouvriers du marbre, de la pierre ou du bronze, toujours prêts à prendre leur part d'un travail collectif de décoration architecturale, ou à montrer leur savoir dans l'exécution honnête et expressive d'un buste. Aujourd'hui, le retour heureux, bien que trop lent encore, du goût public pour toutes les formes plus courantes et plus populaires, mais non moins estimables de l'art qu'on désigne sous le nom d'arts décoratifs, ouvre à tous les sculpteurs un champ nouveau de labeurs ingénieux et délicats où leur savoir et leur goût trouveront des occasions infinies de s'exercer et de se condenser en des créations plus variées. Au Champ-de-Mars comme aux Champs-Elysées, dans les sections, chaque année plus nombreuses, des objets d'art, nous voyons que les inventions les plus satisfaisantes et les innovations les plus heureuses sont précisément dues aux praticiens de tradition, aux plus consciencieux et aux plus savants, qui, comme tous leurs prédécesseurs des grandes époques de l'art, appliquent à la construction et à la décoration du plus insignifiant des objets usuels les mêmes principes de logique, de beauté, d'expression qui président à la confection d'une œuvre monumentale. C'est par la pratique prolongée de ces arts ingénieux où la fantaisie et la main, se trouvant, à la fois, plus libres, s'enhardissent et s'assouplissent, que l'imagination appauvrie des sculpteurs modernes se renouvellera naturellement, comme se renouvela celle de leurs ancêtres du moyen âge et de la renaissance, par la pratique de l'orfèvrerie, et par celle de la miniature. L'œil qui s'accoutume à la variété des inventions, au rythme harmonieux des formes, à la précision expressive de l'exécution dans les petites choses, ne tarde pas à les demander aux grandes.

Le petit *Bonaparte entrant au Caire*, en bronze doré, par M. Gérôme, réunit les meilleures qualités du sculpteur et du peintre : précision élégante des formes, justesse expressive des mouvements, exactitude de la restitution historique, ingénieuse sélection et exécution savante des ajustements et accessoires. Le cheval syrien, sec et bien pris, harnaché de belles orfèvreries, que monte le jeune général, saluant la foule, marche, d'un pas fier et contenu, dans lequel on sent la fermeté de la main qui le guide. L'artiste s'est plu à ciseler les riches arabesques de la selle, des arçons, des brides, de la têtière, de la garniture de poitrail, des étriers, aussi bien que du fourreau de sabre, avec un soin et un goût qui ne nuisent en rien à l'expression grave de la figure. Quelques sculpteurs cherchent, dans l'association de matières diverses, des effets de contrastes expressifs ou piquants qui peuvent, en effet, satisfaire les yeux, si ces contrastes sont suffisamment ménagés pour se résoudre en une harmonie totale. Dans ses petits groupes, la *Sulamite*, en ivoire, sur un trône, se faisant jouer de la harpe par une négresse en bronze accroupie à ses pieds, vêtue de marbre gris, et les *Favorites* (une blanche odalisque, en marbre blanc, s'étirant dans un fauteuil, tandis que rampe vers elle, demi-assoupie, une panthère en marbre noirâtre), M. Ferrary aborde des difficultés de ce genre ; il les résout avec habileté. Les recherches de M. Rivière sont plus délicates encore, plus personnelles, d'une plus haute portée, car, dans ses petits et curieux ouvrages, la polychromie des matières diverses juxtaposées ou entremêlées devient un moyen d'expression physiologique et psychologique. Dans son groupe de *Charles VI et Odette*, le visage convulsé du vieux roi en proie à une attaque de folie furieuse est en bronze ainsi que sa lourde houppelande semée de fleurs de lys, tandis que la jolie fille, qui l'arrête et le calme, découpe en un doux ivoire les délicats profils de ses avant-bras et de son fin minois souriant entre les ailes de sa cornette de marbre. La diversité judicieuse des teintes n'est ici qu'un rehaut pour le caractère des types et la signification du mouvement. M. Allouard s'est heureusement inspiré des arts japonais dans son vase décoratif de la *Pêche*. La vitrine de M. Engrand contient, parmi d'autres fantaisies, un bien joli coffret à bijoux, les *Trésors*, et un amusant heurtoir (des singes regardant une nymphe qui se balance). On pourrait citer d'autres sculpteurs. — MM. Mercié, Barau, Marioton, Loiseau, Rousseau, Belloc, Vital Cornu, Savine, etc., — qui prêchent aussi d'exemple, et montrent combien la science des formes humaines est utile dans les petites, comme dans les grandes productions.

Les sculpteurs, quoi qu'on en dise, ne sont donc pas plus étrangers que les peintres à ces besoins de renouvellement et ces désirs de transformations sans lesquels la vie de l'art est arrêtée ; ils marchent seulement avec plus de prudence. Nous en avons donné quelques raisons techniques ; il y faut joindre la dépendance, beaucoup plus grande, dans laquelle ils se trouvent vis-à-vis des gouvernements, municipalités, associations ou particuliers dont l'appui leur est indispensable pour l'entreprise de travaux longs et dispendieux et dont le goût, d'ordinaire, s'en tient aux formules consacrées. Le plus souvent, le cadre de leurs figures leur est donné par un architecte dont l'imagination se meut dans un cercle plus banal encore de combinaisons scolaires, et c'est ainsi que nous voyons nos places publiques garnies d'allégories et de bustes soutenus et portés par des socles et des piédestaux d'un tout autre style, ou sans aucun style, qu'on semble avoir pris au hasard dans un magasin commun de fabrications courantes. Autant, lorsqu'il prend part à la décoration d'un édifice, le sculpteur doit subir la discipline de l'ensemble architectural, autant devrait-il rester libre et pouvoir imposer le rythme de ses masses et de ses lignes lorsqu'il s'agit d'un monument essentiellement sculptural et dans lequel l'architecture n'a qu'à fournir des supports.

Nous ignorons si les auteurs des trois monuments commémoratifs suivant la formule, qui se suivent dans la grande nef, ceux de Joigneaux, Leconte de Lisle, Guy de Maupassant, se sont privés, ou non, de collaborateurs, mais nous devons constater que la formule (une colonne supportant un buste avec une ou deux figures allégoriques) naïvement et brutalement acceptée par le dernier, un peu mieux agrémentée par le premier, ne disparaît complètement dans une harmonie sculpturale que chez le second. Je serais donc porté à croire que M. Puech, avec raison, a trouvé lui-même l'ordonnance de son monument, le seul des trois où le buste, la figure, le support soient vraiment liés entre eux. Ce n'est pas d'ailleurs sans quelque effort que l'artiste a obtenu ce résultat. Pour dissimuler le pilier redoutable par la draperie flottante dont la Muse, se découvrant le haut du corps, enveloppe la gaine du buste qu'elle embrasse, il a dû exagérer à la fois l'abondance et le chiffonnement de cette draperie avec une virtuosité du XVIIIe siècle qui eût peut-être surpris et inquiété le grand poète. Cette Muse même qui le défend, lui protégeant du bras droit la poitrine, et, de la main gauche, élevant, derrière lui, une branche de laurier, cette Muse au torse élégant et presque délicat, d'une physionomie aimable et gentiment échevelée, malgré ses énormes ailes, n'eût-elle pas paru un peu moderne et mondaine au poète grave et rude des *Poèmes antiques, barbares et tragiques* ? M. Puech a pensé à Praxitèle plus qu'à Phidias. Peut-être Leconte de Lisle l'eût-il invité à regarder plus loin, à remonter jusqu'à Onatas et Kanachos. En contemplant cet élégant monument dans le jardin du Luxembourg, les Parisiens auront, à coup sûr, l'idée d'un génie plus souriant et moins fier que ne fut celui de Leconte de Lisle, notre maître vénéré, gardien austère de l'idéal héroïque ; pour le grand nombre, sans doute, cela suffira.

M. Verlet a renoncé à faire couronner le buste de Guy de Maupassant par une figure idéale. Il a bien fait. Comment, d'une part, supposer, sans sourire, une déesse grecque saluant un romancier si réel, si français, si moderne ? Comment, d'autre part, fixer, dans un seul type allégorique, tout ce qu'il y eut de varié et de disparate dans un écrivain si vif et si chaud, si franchement livré à ses sensations du moment, tour à tour ironiquement raffiné et douloureusement naïf, franc et brutal comme un paysan avec une élégance soutenue d'aristocrate, libertin, si l'on ne regarde qu'à l'allure, d'une rare simplicité, si l'on pénètre au fond ? M. Verlet s'est tiré de la difficulté en représentant le talent de Maupassant ou plutôt la séduction de son talent par une de ses admiratrices, une belle liseuse, qui, nonchalamment étendue au pied de la colonne, accoudée sur un coussin, tient d'une main un roman entr'ouvert, interrompt sa lecture et rêve. C'est une figure qu'on pourrait placer, il est vrai, au pied de tous les romanciers à succès, et soyez bien certains qu'on n'y manquera pas. On rendra, du moins, cette justice à M. Verlet qu'il s'est efforcé de caractériser franchement, par la coiffure, par la physionomie, par le souple corsage modelant avec hardiesse la gorge abondante, par les plis en tuyaux d'orgues et le jet impérieux des jupes raides découvrant leurs dessous, le moment du siècle où une jeune femme pouvait se livrer passionnément à cette lecture.

M. Mathurin-Moreau, dont nous connaissons l'attachement aux traditions décoratives du XVIIe siècle, n'a pas cru devoir s'en départir même en sculptant le monument de Joigneaux, de Sèvres, agriculteur et homme politique. C'est une Cérès puissante et correcte qui lui offre le laurier de la gloire, c'est un petit Génie, robuste et joufflu, un génie de Versailles, qui enregistre son immortalité. Quelques gerbes d'épis et bouquets de fleurs complètent l'apothéose. Ouvrage honnête et consciencieux, exécuté par une main robuste et décidée, qui a valu, à son auteur, la médaille d'honneur, juste récompense d'une longue et honorable carrière, mais qui n'ouvre point d'horizons nouveaux pour les sculpteurs chargés de semblables travaux commémoratifs.

M. Barrias devait préparer, pour une place de Tananarive, un monument à la mémoire des soldats français morts à Madagascar. Le thème ne laissait pas que d'être scabreux. Trop insister sur ces souvenirs pénibles, rappeler tant de souffrances et tant de martyrs par des images saisissantes et douloureuses, c'était aller contre le but qu'on se proposait ; c'était suggérer des réflexions tristes aux colonisants sans inspirer beaucoup de confiance aux colonisés. Le troupier français, installé par M. Barrias, au bas de son piédestal, n'est donc ni un mort, ni un blessé, ni un fiévreux. C'est un bon fantassin, en tenue de campagne, avec tout son harnachement. Il a jeté un instant son sac à ses pieds, il s'assied pour souffler, prêt à repartir. Il ne se doute pas, le brave enfant, qu'au-dessus de lui, la France, la mère patrie, une belle dame, tout en prenant sous sa protection une jeune Africaine, élève au-dessus de sa tête la couronne qu'il a bien méritée. La liaison entre le groupe d'en haut et la figure d'en bas est marquée par ce geste. Toutefois, c'est le groupe supérieur, le fait même du protectorat de Madagascar par la France qui domine et qui parle. Les deux figures sont assez nettement caractérisées dans les types et les costumes pour qu'on les reconnaisse ; elles sont assez avenantes, l'une dans la noblesse bienveillante de sa haute stature, l'autre dans la grâce résignée de son attitude reconnaissante, pour exprimer toutes deux une commune sympathie. L'exécution est conduite avec cette sûreté et cette force tranquilles qu'on trouve dans toutes les œuvres de M. Barrias.

Il est des cas où la modernisation des types et des ajustements semble vraiment devoir s'imposer à l'imagination des sculpteurs s'ils veulent être compris. Tel est celui, par exemple, où il s'agit de symboliser l'*Inoculation à l'Institut Pasteur*. M. Cordonnier, chargé de traduire ce thème scientifique en langue plastique, a demandé à une des grandes filles de Michel-Ange de lui rendre ce service, et ce n'est pas ce que nous lui reprochons. La femme qu'il assied, enveloppée d'amples draperies, sur un large piédestal et qui, tenant sur ses genoux un enfant nu et malade, lui injecte le sérum sauveur, est d'une noble attitude et d'une expression appropriée ; mais quelques flacons et cuvettes jetés à ses pieds ne suffisent pas à en faire, pour les yeux des ignorants, la science guérisseuse du XIXe siècle. Or, le vrai grand art est celui qui est assez simple et assez franc pour parler aux ignorants, pour devenir populaire. Nous savons gré à M. Convers d'avoir tenté de rajeunir, pour le palais de justice de Grenoble, cette antique Thétis, si terriblement démodée, avec son sceptre et ses balances. On lui a demandé une *Justice*, il l'a donnée, honnêtement, correctement, et le sceptre aussi et aussi les balances, puisqu'on les exigeait, mais, comme c'était son droit, il a fait une Justice moderne. Assise à l'aise, sans raideur, dans un large fauteuil, les jambes pliées sous la robe, la tête appuyée sur la main gauche, dans une attitude grave, mais naturelle et familière, elle tient de la main droite ses balances fermées avec un léger sceptre dormant sur son épaule ; elle médite plus qu'elle ne juge, elle comprend plus qu'elle ne condamne. Le visage est celui d'une contemporaine coiffée en bandeaux. Par-dessus sa tunique, elle porte une robe de juge, ouverte, à petits boutons, et un rabat de dentelles. Toute cette transposition, qui aurait pu si facilement tourner au déguisement ridicule, a été faite avec tact et avec goût.

M. Mercié, depuis longtemps, est passé maître dans l'art d'idéaliser des figures contemporaines, sans mentir à la vérité et sans faillir à la beauté. Le *Tombeau de Mme Carvalho* nous montre sur un large stèle, en un bas-relief, la cantatrice transfigurée montant vers le ciel, les bras joints sur la poitrine dans l'attitude des Assomptions. Le visage où toute l'âme semble passée de Marguerite mourant dans la prison, est d'une ressemblance assez vive, pour que chacun puisse la reconnaître ; la réalité du corps est assez atténuée par l'enveloppe flottante d'une longue tunique dont les bords se fondent dans le bloc pour qu'on ne s'étonne point de cette transfiguration. Peut-être même, l'artiste eût-il pu conserver un peu plus de saillies dans les parties inférieures, puisqu'il faisait sortir les bras en plein relief. Aux pieds de la figure envolée gît une grande lyre sur des bouquets effeuillés. L'ensemble est d'un goût délicat et laisse une impression poétique, d'une mélancolie gracieuse, comme celle dont nous ravissait la grande artiste dans son rôle préféré. Dans son *Tombeau de S. E. le cardinal Guibert archevêque de Paris*, M. Louis Noël s'en est tenu à l'effigie traditionnelle du prélat, dans ses plus riches habits épiscopaux, agenouillé sur le monument. L'ouvrage est exécuté avec vigueur et ampleur, suivant les préceptes des maîtres du XVIIe siècle.

L'originalité ingénieuse de M. Frémiet a trouvé dans la série des ouvrages qui doivent décorer les nouveaux bâtiments du Muséum d'histoire naturelle les plus heureuses occasions de s'exercer. On se souvient de l'amusant et terrible bas-relief du Salon de 1895 où toute une famille d'orangs-outangs, ayant tué un sauvage de Bornéo, se délectait dans son triomphe. Cette fois, dans le bas-relief de l'*Homme de l'âge de la pierre*, c'est notre ancêtre, très primitif, qui a vaincu la bête et qui s'en glorifie. Ce chasseur, rude et svelte, a pénétré dans la caverne d'un autre troglodyte, un grand ours qu'il a terrassé à coups de hache. Sa cuisse décousue porte, en un lambeau sanglant, la marque de la lutte. Le cadavre de la bête gît, pendant, sur le bord droit du tympan. C'est le plus beau morceau de l'ouvrage. L'homme, malgré sa blessure, s'avançant vers la gauche, entraîne la proie conquise, un ourson à grosse tête qu'il tient par les deux oreilles. Le prisonnier se débat et gesticule, en tendant ses larges pattes convulsées, avec une grimace d'angoisse des plus drolatiques. M. Frémiet est un des rares artistes qui savent mettre de l'esprit ou de l'érudition dans la sculpture sans y perdre le sens du rythme et de la grandeur plastique. C'est un de ceux qui, à bon droit, comme MM. Falguière, Mercié, Paul Dubois et plusieurs autres, peuvent sourire, en les dédaignant, des lamentations accoutumées sur l'inertie imaginative des sculpteurs français et sur l'impossibilité où ils se trouveraient de traduire, dit-on, tous les sentiments et toutes les curiosités de l'esprit moderne.

Demandez à M. Falguière, ce modeleur passionné de formes vivantes, prêt à tout comprendre et à tout dire, ce qu'il pense de cet anathème. L'auteur varié et multiforme du *Combat de Cuys*, du *Tarcinus martyr*, du *Saint Vincent de Paul*, du *La Fayette*, de la *Danseuse*, vous répondra qu'il se sent l'envie et la force de représenter tout ce qui vit et tout ce qui a vécu dans le monde réel aussi bien que dans le monde idéal. L'an dernier, il flânait sur les planches de l'Opéra, avec sa ballerine dénudée et tortillée ; cette année, il remonte vers le ciel antique avec son *Poète* chevauchant Pégase. Thème usé, motif banal, vieillerie scolaire, formule classique, tant qu'on voudra. Je défie pourtant tout homme aimant la sculpture, tout homme sensible au rythme expressif des formes, de contempler sans joie le groupe de M. Falguière. C'est d'un mouvement si ferme et si ardent que le cheval ailé, aux formes pleines et serrées, se cabre et se dresse vers le but désigné par son cavalier ! c'est d'un élan si naturel et si heureux que le jeune cavalier, ayant pour toute arme sa grande lyre, sans bride, sans selle, sans fardeau, même d'une draperie, confiant en sa noble monture, tend le bras droit vers cette gloire qui l'appelle ! Comme le cheval et le cavalier s'associent naturellement et heureusement dans le mouvement qui lance et élève le cavalier presque sur le cou de la bête et qui redresse la tête de celle-ci jusque sous le bras du jeune homme ! C'est la réalité, toujours puissante, toujours féconde, qui anime cette œuvre idéale, et qui en fait une figure saisissante et impressionnante même pour les illettrés. Bref, il y a là le charme profond de cette chose indéfinissable qu'on appelait autrefois la

Beauté, qu'on affecte de mépriser aujourd'hui, mais dont le monde ne saurait plus se passer, à moins de retomber dans la barbarie, et qui sera toujours, pour les sculpteurs comme pour les peintres, la marque du génie supérieur.

C'est aussi par un certain sentiment de l'éternelle beauté que le groupe, en bas-relief, d'*Agar*, par M. Sicard, a, cette année, attiré l'attention et mérité une haute récompense. Au point de vue biblique, oriental, ou même simplement humain, il y aurait beaucoup à dire. Cette grande femme nue, vue de dos, accroupie devant un jeune garçon, étendu sur un rocher, semble plutôt remplir un rôle plastique qu'exprimer une douleur maternelle. Si c'est une mère qui pleure, c'est une mère bien païenne, du mondé des déesses immortelles, inaccessible aux atteintes de la vieillesse comme à celles des infirmités humaines. Mais c'est avec science, vigueur et charme que le jeune sculpteur a groupé ses deux figures, qu'il a exprimé, dans un style noble et contenu, l'agonie de l'un et la douleur de l'autre, qu'il a conduit, d'un bout à l'autre, l'exécution de ces nus fermes et pleins. La satisfaction donnée aux yeux, pour ne pas être biblique ou sentimentale, n'en est pas moins réelle et, pour notre compte, nous ne saurions nous y dérober, quelles que soient d'ailleurs nos réserves intimes en ce qui concerne les devoirs d'un artiste vis-à-vis de son sujet et la façon dont M. Sicard les a compris.

Quelles peines se donnent les jeunes gens pour imaginer des allégories ingénieuses qui leur fournissent l'occasion d'enchevêtrer plusieurs corps, surtout un corps d'homme et un corps de femme ! Autrefois, c'était la mythologie qui faisait les frais de ces inventions ; pendant plusieurs siècles, les métamorphoses d'Ovide ont été le magasin inépuisable où se fournissaient les sculpteurs dans l'embarras, autant que les peintres et les tapissiers. Depuis qu'on ne lit plus Ovide, on se rejette sur les fabulistes, La Fontaine ou Florian. Ceux qui ne lisent même pas La Fontaine ou Florian, se rabattent sur des jeux de mots. Le succès de M. Larcher, en 1891 et 1893, avec son aimable groupe de la *Prairie* et du *Ruisseau*, — la *Prairie* représentée par une Nymphe qui retient, et le *Ruisseau* par un adolescent qui s'échappe, a engendré toute une foule de métaphores en plâtre et de calembours en marbre qui donneront, dans l'avenir, du fil à retordre à la sagacité et à l'érudition des historiens. Comment M. Bareau se figure-t-il *le Temps et la Sagesse* ? Voici le texte : « Abandonnant sa faux meurtrière pour une œuvre de paix, le Temps a créé la Sagesse et, dans son éternelle jeunesse, il contemple son œuvre. » Voici la traduction : Le Temps est l'éternel vieux que nous connaissons, un vieux très ridé et très fatigué, qui a lâché sa faux et qui s'est assis. Pour se reposer en famille ? C'est sans doute ce que vous supposez, puisqu'on nous annonce sa fille, la Sagesse. Hélas ! non, cette fille est bien trop petite et n'est pas même vivante ; c'est une simple statuette, une Pallas-Athènè qu'il tient dans la main gauche et qu'il regarde. Toute l'éternité pour produire une réduction d'après Phidias, toute l'éternité pour la contempler ! C'est peut-être beaucoup. M. Bareau, comme exécutant, a du talent ; le jury l'a reconnu ; combien il eût gagné à le dépenser en un sujet moins alambiqué ! Une fois qu'on est en train de jongler avec les mots, des mots quelconques, et de les anthropomorphiser sans méthode et sans imagination, on peut aller loin. Voici que, sous prétexte de traduire *le Chêne et le Roseau*, M. Couteilhas précipite à terre, sous un coup de vent, un espèce de géant, tandis qu'une jeune fille, souple et frêle, se courbe et s'incline. La fille a un roseau dans le dos, le géant est semé de feuilles de chêne ; mais l'apologue en est-il beaucoup plus clair ? Dans *l'Ouragan et la Feuille*, par M. Forestier, l'ouragan est un personnage échevelé qui se précipite en avant, sonnant avec rage dans une trompe, et la feuille qu'il renverse, tête en bas, pieds en l'air, sur son passage, est une jeune femme. Dans *l'Écueil et la Vague* de M. Loysel le sens est encore plus difficile à saisir. Les écueils ont l'habitude de briser les vagues, non pas de les embrasser. L'écueil de M. Loysel est, au contraire, un brave homme, d'aspect un peu inculte, mais qui semble accueillir d'un geste hospitalier la belle fille que la mer jette à ses pieds. Si c'est pour nous imposer ces énigmes que vous faites fi de la mythologie, retournez à la mythologie, ou, plutôt, consentez donc à être simples, regardez tout bonnement la vie et la nature ; elles vous fourniront amplement, si vous savez les interroger, des motifs assez clairs d'expression et de beauté. Cela n'empêche que MM. Couteilhas, Forestier, Loysel n'aient de réelles qualités de praticiens et que, s'ils ne conçoivent guère l'ensemble, ils n'exécutent avec science et habileté le morceau. M. Icard ne déteste pas la nouveauté, ni même la bizarrerie. En groupant ses cinq *Vierges Folles* devant une porte fermée, où, ayant laissé éteindre ; leurs lampes, elles viennent heurter *Trop tard*, il ne s'est point départi de ses habitudes ; mais, comme il est bon sculpteur, ayant le sentiment des masses et des lignes, il a fait d'une parabole une œuvre plastique qui, sans être édifiante, reste intelligible. Qu'on sache ou non pourquoi ces cinq filles, toutes nues, s'écrasent. devant cette porte fermée, on voit que la porte résiste, on voit qu'elles s'écrasent tout de bon, que le salut pour elles serait de l'autre côté de cette porte, et l'on partage leur angoisse tout humaine. Ces cinq figures, habilement entremêlées, forment un ensemble mouvementé d'attitudes et de gestes, de saillies et de creux, d'ombres et de clartés qui dénote un vrai sentiment sculptural. Tandis que, sur le première plan, l'une, vue de dos, dresse, en les appuyant, ses deux bras contre la porte, une seconde, de face, tirant, en haut, le marteau, de la main droite, soutient, du bras gauche, une de ses compagnes évanouies ; les deux autres, accroupies derrière, se tordent les bras en des attitudes désespérées. En atténuant avec un peu plus de délicatesse certains détails anatomiques d'une réalité grossière, les auteurs (car ils sont deux, M. Icard et Mme Ducrot-Icard) pourront, en lui donnant sa forme définitive, faire de ce groupe de damnées une œuvre vraiment intéressante. C'est que pour eux le sujet choisi n'a été qu'un prétexte pour bien regarder la nature et pour en tirer des attitudes vraies qu'ils ont ensuite librement associées dans l'harmonie idéale des combinaisons plastiques.

C'est en regardant plus directement encore la nature, en voyant des ouvriers se suspendre, en haletant, à quelque grand levier, pour soulever un bloc de pierre que M. d'Houdain a conçu l'idée très simple de son beau groupe, *la Pesée*, comme autrefois M. Boucher, en regardant courir de braves gens en vestons ou en blouses, avait conçu l'idée de ses *Coureurs*, devenus si populaires Il leur a suffi à tous deux de déshabiller leurs plébéiens, tout en conservant leurs attitudes et leurs mouvements, pour faire, d'un accident, un poème durable et sans date de l'activité humaine. Tout le monde s'associe à une peine physique ou morale de ses semblables lorsqu'elle est exprimée franchement. Nous n'avons vu personne au Salon qui, devant l'effort de ces trois hommes suspendus à la grande barre, ne se soit arrêté, non seulement surpris, mais sympathique et compatissant. L'effet eût été plus sûr encore si M. d'Houdain avait donné à sa pierre de plus fortes dimensions justifiant mieux sa résistance ; on craint trop qu'elle ne cède trop vite, et que les hommes ne tombent ; or, cette sensation, en sculpture, d'un mouvement violent qui va brusquement s'interrompre, émietter les masses et briser les lignes, est toujours une sensation pénible. Il sera facile au sculpteur, dans l'exécution définitive, d'accentuer cette force de résistance.

Les motifs, pour les figures isolées, se rencontrent plus aisément. On peut toujours signaler, dans cet ordre d'études, quelques morceaux intéressants, soit par une bonne observation de réalité, comme le *Porteur d'eau africain* de M. Guittet, soit par une certaine grandeur d'expression morale jointe à la vigueur ou à la beauté physique, comme la figure d'homme haletant, avec joie et reconnaissance, *à la fin du jour*, par M. Pendariès, le *Diogène brisant son écuelle*, un homme de lettres revenu des choses de ce monde, par M. Boisseau, le *Job* hirsute de M. Desruelles, cagneux, noueux, crasseux, plus qu'il ne convient peut-être à un ancien propriétaire ruiné par toutes sortes de fatalités, soit simplement par le charme d'une heureuse attitude ou d'un mouvement nouveau, comme la jolie *Feuille d'Automne* de M. Schmid, le *Réveil de Flore* de M. Chèvre, et particulièrement, la *Bacchante à la chèvre* de M. Soulès, l'*Étoile filante* de M. Charpentier, deux belles filles assez maniérées en leurs attitudes imprévues, mais d'une exécution libre et savoureuse. L'une des figures d'expression dont on gardera le meilleur souvenir est la *Désespérance*. L'auteur, M. Captier, qui, dans un projet de groupe *la Fatalité*, ne semble pas donner une forme bien nette à son rêve gigantesque, ici, dans cette simple étude, s'est souvenu, sans indignité, des nobles allures de Michel-Ange. C'est vraiment un beau morceau et conduit, dans toutes ses parties, avec une résolution forte et souple, que cette grande femme, nue, assise sur un siège mutilé, qui s'appuie, en se croisant douloureusement les mains, sur la tige d'une ancre dont les becs sont brisés. Rien d'excessif ni de violent dans l'attitude, le geste, la physionomie très moderne, mais largement interprétée, et, pourtant, d'un bout à l'autre une expression de douleur intense dans un corps puissant et mûr. Si nous mentionnons encore la charmante restitution de *Mme Vigée-Lebrun*, faite avec un esprit fragonardesque par M. Saulo, la *Psyché*, grave et mystérieuse, presque hiératique, de Mme Berteaux, le *Potier* de M. Hugues dont nous avons déjà loué le modèle et plusieurs excellents bustes de MM. Falguière, Puech, Malric, Mengue, Carlès, de Mme Sarah Bernhardt, de Mlle Ytasse, etc., nous pensons avoir signalé, sans omissions trop scandaleuses, les meilleures des œuvres qui auront encore honoré les derniers jours du palais des Champs-Elysées.

Moins nombreux au Champ-de-Mars, les sculpteurs n'y font pas moins bonne figure. Nous ne parlerons que pour mémoire du groupe en plâtre, *Victor Hugo*, par M. Rodin, autour duquel on a mené grand bruit. Cet ouvrage, en l'état actuel, n'est qu'une maquette disloquée et incohérente sur laquelle il serait prématuré de porter un jugement. Le catalogue veut bien nous prévenir que, dans cette colossale ébauche, il y a un bras de femme incomplet ; c'est un catalogue optimiste. Oh ! s'il n'y avait qu'un bras d'incomplet ! Tel autre bras, il est vrai, est d'une longueur démesurée ; mais cela fait-il compensation ? En réalité, une seule figure, celle du poète, nu, assis, au bord de la mer, accoudé sur un rocher, de son bras tendu écartant quelque obsession, est assez poussée pour qu'on puisse y reconnaître, dans le pétrissage sommaire, mais vigoureux, passionné, expressif des formes, les qualités puissantes que M. Rodin a déjà fait applaudir en quelques morceaux isolés. Quant aux deux figures de femmes, dont l'une, accroupie sur le sommet du rocher, au-dessus de la tête du poète, rampe et s'allonge vers lui pour lui parler, et dont l'autre, en une attitude de captive, se désespère derrière lui, ce sont, pour le moment, des larves si informes, avec des têtes si vaguement attachées, de telles disproportions dans les longueurs et les épaisseurs des membres, qu'on a peine à concevoir comment un artiste si fort en vue s'est décidé à faire au public l'inutile confidence de tous ces pénibles tâtonnements. De tous temps, les véritables artistes ont connu ces nobles angoisses de la gestation intellectuelle, mais jusqu'à présent les plus tiers génies s'étaient bien gardés de les révéler, sans y être forcés, avant l'œuvre accomplie, à la curiosité banale et malveillante de la foule. Quand M. Rodin aura défini, avec plus de précision et de correction, les deux figures allégoriques qui doivent compléter la signification du groupe et lorsqu'il les aura reliées à sa figure principale par une combinaison mieux établie de lignes et de masses, nous pourrons saluer peut-être, comme nous le désirons, dans cet ouvrage héroïque, le chef-d'œuvre définitif que les amis du sculpteur nous annoncent depuis un certain temps ; jusquelà, nous sommes bien forcés de nous en tenir à des espérances, comme il s'en tient lui-même à des promesses.

M. Dalou ne vise point à la succession, toujours ouverte, mais difficile à recueillir, et plus d'une fois compromise, du terrible Michel-Ange. Il s'en tient aux traditions françaises, qu'il connaît à merveille, les renouvelle et les ravive avec la décision simple et franche d'un artiste avisé et d'un praticien remarquable. Il y a déjà douze ans que le modèle du *Triomphe de Silène* parut au Salon de 1885, et l'on y admirait déjà avec quelle habileté et quelle verve le sculpteur avait su coordonner en un groupe décoratif très mouvementé et très vivant, dans des attitudes hardies et des mouvements rapides, six figures nues, autour du vieux Silène ballottant sur un ânon qui rue. Par ces qualités de compositeur, provisoirement méprisées, qui comptent et compteront toujours parmi les meilleures de l'esprit français, lorsqu'il demeure docile à ses tendances naturelles, M. Dalou se rattache à la forte lignée de nos sculpteurs du XVIIe et du XVIIIe siècle. Il est leur fils par le soin qu'il apporte à préciser et à serrer les accents de la forme, il l'est encore par la finesse attentive avec laquelle il analyse une physionomie humaine. Les bustes en marbre de *M. Cresson* et de feu *Armand Renaud*, sont des modèles d'expression morale autant que d'exactitude physique. Il en va de M. Dalou, comme de MM. Falguière, Mercié, et bien d'autres ; ce sont, à l'occasion, les plus classiques qui sont les plus modernes.

Le soubassement en pierre du *Monument aux Morts* par M. Bartolomé, l'Ange descendant dans le caveau où gisent l'époux et l'épouse, la main dans la main, unis encore par le cadavre de l'enfant posé en travers sur leurs deux corps, réalise toutes les espérances qu'avait données le modèle en plâtre. C'est de la sculpture grave, franche, loyale, remontant vers une tradition française plus lointaine encore et plus simplement grande, celle du moyen âge. Un seul point, dans l'œuvre de M. Bartolomé, nous semble peu conforme à cette simple grandeur, la nudité complète de l'Ange ou du Génie de l'Immortalité ; si chaste qu'elle soit, cette nudité n'est-elle pas un reste d'habitudes scolaires et de préjugés plastiques ? Il est très difficile sans doute de recueillir à la fois les bénéfices d'une instruction régulière et méthodique et de conserver ou de retrouver, dans ses inspirations, la simplicité et la grâce des impressions juvéniles et des sentiments populaires. La chose n'est point impossible, cependant : M. Bartholomé l'a prouvé lui-même, avec éloquence, dans l'ensemble de son beau monument. D'autres y retourneront ou par volonté intelligente ou par entraînement naturel. Je verrais, par exemple, la volonté intelligente de retourner aux belles simplicités de la sculpture primitive, antique ou française, dans une bonne figure funéraire de M. Escoula, la *Douleur*, dans cette bonne vieille béquillarde à laquelle M. Fayel fait supporter le *Fardeau de la Vie*, dans une délicieuse tête bretonne, *Marie*, par M. Léonard, virtuose habile et délicat, dans le grand mur en briques de grès flambé par M. Emile Muller, des *Boulangers* devant leurs fours, dont M. Charpentier a fourni le modèle, enfin, dans la statue funéraire d'*Alexandre Dumas fils*, couché, dans sa robe de chambre, les bras croisés, les pieds nus. suivant sa volonté, par M. de Saint-Marceaux. Cette effigie, simplement et gravement exécutée, est d'un beau caractère, elle serait peut-être plus émouvante encore, si le sculpteur n'avait cru devoir dresser derrière la tête du mort, une énorme couronne de lauriers, qui la menace et la surcharge d'une saillie et d'une ombre inattendues. Parmi les sculpteurs que leur tempérament paraît incliner à la vraie simplicité, on a remarqué un débutant, M. Marcel Jacques. Sa *Statue de J.-F. Millet*, en gros sabots, en vareuse, tête nue, assis sur un rocher, parmi les herbes, malgré quelques gaucheries, est d'une bonne conception. Dans quelques têtes d'études, vieilles ou jeunes femmes, il se montre surtout un interprète très délicat et très ému de la réalité. La meilleure statue monumentale du Salon est le *Maréchal Canrobert*, par M. Lenoir, pour la ville de Saint-Céré.

II

Si la force et la nécessité des traditions avaient besoin de preuves nouvelles, les présidents de la Société nationale, MM. Puvis de Chavannes et Carolus Duran, et ceux qui, avec eux, triomphent au Champ-de-Mars, seraient tout prêts aussi à nous les fournir. M. Puvis de Chavannes, le plus classique, et parfois le plus académique, des peintres de sa génération, n'a développé et mûri son véritable talent qu'en se reportant fréquemment aux grandes œuvres de l'Antiquité, du moyen âge et de la Renaissance ; lorsqu'il a négligé de le faire, la puissance de sa vision en a paru rapidement amoindrie. Il en a été de même pour M. Carolus Duran, à qui les coloristes brillants et spontanés, Titien, Rubens Velazquez, n'ont jamais épargné leurs conseils et qui s'est toujours bien trouvé d'y recourir. Comme celles de leurs contemporains aux Champs-Elysées, qui débutèrent à la même époque, leurs œuvres actuelles nous apportent les résultats logiques d'une longue et judicieuse fréquentation des vieux maîtres, combinée avec cette incessante et amoureuse observation de la nature et de la vie sans laquelle la plus consciencieuse étude du passé devient oppressive et stérilisante.

Le grand carton que M. Puvis de Chavannes a préparé pour le Panthéon et qui occupera, dans l'abside, en face de la *Mort de sainte Geneviève* par M. J.-P. Laurens, l'espace d'abord réservé à Meissonier, est, si je ne me trompe, la composition la mieux remplie et la plus serrée qu'il ait encore conçue. C'est *Sainte Geneviève ravitaillant Paris*. « Du temps que Paris fut assiégé dix ans, si comme les anciens disent, si grant famine si ensuyit que plusieurs mouroient de faim. La vierge en eut pitié et se mist en la ryviere de Seyne pour aler quérir a navires des vivres. » Ainsi s'exprime la *Vie de Madame Saincte Geneviève*. Le peintre a choisi le moment où les nefs, chargées de vivres, abordent les quais de la ville affamée. Comme il l'avait si heureusement fait déjà dans son *Enfance de sainte Geneviève*, il déroule, d'un seul trait, toute la scène derrière les deux pilastres du décor architectural qui la divisent, pour l'œil, en trois parties, sans interrompre l'unité de l'action. Sur la gauche, le long des remparts, arrive une procession de jeunes filles, escortée par des moines, qui se presse au-devant de la flottille ; une pauvre femme, en proie aux tortures de la faim, se débat sur le quai, relevée par des assistants secourables. Au centre aborde une nef, sur laquelle, debout à l'avant, la vierge, long drapée, d'un grand geste simple et calme, apporte aux Parisiens la consolation et l'espérance. Sur la droite, devant les quais, sont déjà amarrées d ; autres barques qu'on est en train de décharger. Les débardeurs, à demi nus, qui portent les grandes jarres ou les sacs de blé, ont fourni au peintre, pour ses premiers plans, quelques-unes de ces figures noblement réelles, dans lesquelles il transpose et agrandit, avec sa force de style particulière, les attitudes et les gestes fournis par la réalité quotidienne. Néanmoins, ce n'est pas dans ces figures isolées, qui ne sont pas toutes campées avec la même décision, que la maîtrise du compositeur s'affirme avec le plus d'autorité. Les épisodes des arrière-plans, au contraire, toute la foule rangée près des portes de la ville, au pied des murailles gallo-romaines, dans les deux premiers compartiments et, dans le dernier, les affamés qui disputent leurs chargements aux portefaix, se combinent avec un rare bonheur de lignes, dans la variété enchevêtrée de leurs mouvements. La plupart des figures y sont même, dans l'indication des formes et dans leur modelé, poussées avec plus de fermeté que certaines figures des premiers plans dont la simplification excessive aboutit à des profils mal équarris, enveloppant des masses incertaines, molles et creuses. La peinture raffermira sans doute, en les coordonnant par l'harmonie générale, ces comparses flottants. On ne saurait douter d'ailleurs, que ce fond d'architectures polychromes et d'horizons largement ouverts ne fournisse à M. Puvis de Chavannes l'occasion d'affirmer, d'une façon plus grandiose que jamais, son sentiment profond et son intelligence magistrale du grand style dans le paysage.

Cette force savante dans le groupement et dans la gesticulation des figures, cette rare intelligence du rythme expressif dans la combinaison des mouvements, qui donnent tant d'autorité à ces simples cartons, rendent les yeux plus difficiles devant toutes les grandes peintures, officielles ou non, dont ce Salon, comme son voisin, paraît, au dire des amateurs mondains, plus encombré que décoré. Nous, qui ne nous piquons point d'être mondains, nous devons, néanmoins, nous efforcer de rendre justice à des efforts considérables et répondant à des besoins sociaux plus sérieux, en définitive, que celui de meubler agréablement un cabinet ou un salon. Les *Pestiférés de Jaffa*, le *Sacre de Napoléon*, le *Radeau de la Méduse*, le *Plafond d'Homère*, l'*Entrée des Croisés à Constantinople*, sont, après tout, la plus haute gloire de l'école française, et nous serions descendus bien bas le jour où s'éteindrait, dans l'âme des peintres, la fière ambition de s'adresser, à leur tour, au grand public, par la voix de l'art historique. Ce genre d'éloquence, il est vrai, exige, avec une vigueur de tempérament qui n'est point commune, de longues habitudes de travail sérieux et réfléchi qui sont plus rares encore ; c'est presque toujours par manque d'une instruction solide ou d'une exécution soutenue que la plupart de ces grandes toiles, hâtivement bâclées, repoussent aussi hâtivement les regards ou ne savent point assez longtemps les retenir.

Ce serait pourtant une grande injustice de ne point reconnaître le talent qu'il a fallu à MM. Gervex, Fourié, J.-J. Rousseau, James Tissot pour mener à bien les vastes toiles où ils ont représenté des épisodes de la vie contemporaine. *La distribution des récompenses au Palais de l'Industrie, en 1889, à la suite de F Exposition universelle*, devait être, pour M. Gervex, l'occasion de développer sur un plus vaste champ cette entente agréable et facile des éclairages clairs et joyeux, des colorations harmonieuses et douces en même temps que ce vif esprit d'observation, qui ont fait de lui un des peintres les plus justement aimés, avec ce pauvre Duoz, de la vie parisienne. De fait, il n'a point failli à sa tâche en ce qui concerne la répartition et le jeu des couleurs dans la troublante clarté d'une perspective géométrique et uniforme. Le groupe des Algériens en brillants costumes, qui occupe le devant et le centre du tableau, répand une joie délicate et inattendue entre les rangs monotones d'habits noirs étages, à gaucho, sur l'estrade officielle et bordant, en bas, l'espace vide où défilent les lauréats. M. Gervex a nuancé, avec une grande finesse de pinceau, toute cette accumulation centrale de nuances légères et attendries, mais dans un si grand espace, peut-être fallait-il des sonorités plus hardies, plus triomphantes, plus brutales. Ce qui lui manque donc encore là, dans les parties les plus réussies, c'est la constance d'une énergie résolue et dominatrice, de cette énergie dans l'accent des formes et dans le parti pris coloré qui, dans des cas pareils, doit emporter tout, l'énergie de David ou de Gros, de Géricault ou de Delacroix. Quoi qu'il en soit, cette toile, pleine de portraits, restera comme un des plus intéressants souvenirs du palais disparu de l'Industrie et de ses cérémonies officielles.

La disproportion entre l'ampleur des toiles, la grandeur des figures et les timidités ou les insuffisances de l'exécution n'est point sauvée, chez MM. Rousseau et Fourié, par cet agrément et cette dextérité qui souvent, chez M. Gervex, tiennent presque lieu de gravité et de profondeur. Tous deux, d'ailleurs, sont convaincus, et laborieux ; ils observent avec esprit et sympathie, ils saisissent souvent le mouvement juste et le caractère typique ; il leur suffirait de pousser plus à fond, d'accentuer avec plus de hardiesse, dans une matière plus ferme et plus riche, les effets pressentis pour faire de bonnes peintures. La *Soupe aux Halles, le matin en hiver*, est une scène de mœurs populaires, bien parisienne, qui trouvera sa place naturelle à l'Hôtel de Ville, non loin du *Marché des Halles* de M. Lhermitte (Salon de 1895). Il y a de la bonne humeur, de l'entrain, de l'esprit pittoresque, dans le groupement et dans les expressions de tous ces travailleurs affamés du matin. Que n'est-il passé un peu plus de cet entrain et de cette gaieté dans le coup de pinceau qui reste timide, mince et gris ? Des trois panneaux qui composent le triptyque des *Poèmes des Champs* par M. Fourié, poèmes réalistes, et même un peu vulgaires, le premier, les *Joies*, une ripaille de paysans, à l'ombre des pommiers, dans un verger normand, rappelle, par sa grosse joie, la scène de noces, en un lieu semblable, très vivante et très chaleureuse, qui fit naguère la réputation du peintre. Est-ce une erreur de notre mémoire ? Il nous semble que cette ancienne kermesse était plus fortement peinte, plus montée de ton, plus solide en pâte, que ne l'est cette dernière, où les conseils, utiles en pareil cas, de Rubens et de Hals, semblent moins écoutés. Néanmoins les figures y sont bien groupées, vraies, vivantes. Dans le panneau suivant, les *Travaux* de la moisson, avec les gerbes mûres empilées comme un monceau d'or sur la charrette, des groupes de moissonneurs et moissonneuses, il y a plus de vide et plus d'incertitude. On trouve un sentiment plus personnel, avec une présentation plus pittoresque, dans le troisième panneau, les *Deuils*, où l'on voit des braves gens, le jour des Morts, apportant des fleurs sur les tombes aimées dans l'enclos de la vieille église.

A défaut d'un parti pris savant ou habile dans la distribution lumineuse ou les groupements de figures, c'est par une intensité et une sincérité remarquables d'observation, par un souci marqué d'exactitude et de vérité, que M. James Tissot reste un excellent artiste dans sa *Réception à Jérusalem du légat apostolique du Saint-Siège, S. E. Mgr le Cardinal Langénieux, par le patriarche, S. R. Mgr Piavi*. Que n'a-t-on pas reproché à cette toile ? L'insuffisance de l'aération, la monotonie de la lumière, la confusion des plans, le placage des figures les unes sur les autres, la lourdeur des vêtements, le détail excessif des architectures. Quelques-uns de ces reproches, dans une certaine mesure, peuvent être mérités. Remarquons toutefois que ces défauts sont précisément ceux que les voyageurs académiques d'autrefois ou les voyageurs mondains d'aujourd'hui signalent trop aisément dans les spectacles de ce genre peints, en Italie, au XVe siècle, par les Florentins, les Padouans et les Vénitiens. M. James Tissot, qui vit journellement avec ces délicieux maîtres, avec les derniers surtout, comme on l'a vu dans la *Vie du Christ*, a pu hériter certaines de leurs inexpériences, il a hérité aussi, par instants, leur sincérité et leur gravité, et cela est bien quelque chose. Qu'on regarde donc avec attention cette peinture fortement et franchement échantillonnée, comme certains tapis d'Orient, on y trouvera, dans les visages hardiment caractérisés, dans les attitudes nettement établies, dans les vêtements largement peints, une virilité sincère d'observateur et de peintre qui est la qualité la plus rare, et qui vaut mieux que toutes les roueries et toutes les subtilités. Le seul morceau des jeunes clercs portant le dais de tapisserie avec le groupe de prêtres qui entourent le patriarche eût suffi autrefois à établir la réputation d'un artiste. M. James Tissot, n'imite littéralement, par ses procédés, ni Ghirlandajo, ni Gentile Bellini ; il voit et il comprend comme eux, il est parfois tout près de peindre comme eux.

Une semblable franchise, avec une inexpérience plus brutale, et une intelligence saine et hardie des belles colorations, ont appelé grandement l'attention sur une étude importante d'un jeune homme, M. Richon-Brunet, qui, depuis quelques années, comme quelques-uns de ses camarades de même tempérament, se débat, dans une lutte ardente, avec la réalité, pour donner à ses accords éclatants des dessous plus solides et plus corrects. M. Richon-Brunet, comme M. Cottet, comme M. Lepan de Ligny, a la passion et le sens de la peinture solide et éclatante, de ce qu'on appelait « le beau métier ». C'était une réaction à prévoir et à désirer après l'abus des fantômes Vaporeux, des pénombres alanguies, des symbolismes insaisissables. Tous trois sont des coloristes, tous trois sont des harmonistes, tous trois sont des naturalistes, poètes virils et sains de la réalité. Mais tandis que M. Cottet, avec une conviction énergique, éprouve encore de pénibles angoisses à suffisamment pétrir, en ses pâtes chaudes et lourdes, *Au pays de la mer*, avec une juste précision, les types vigoureux de ses paysannes et pêcheurs, tandis que M. Lepan de Ligny, dans ses *Joueurs au cabaret*, d'une harmonie sombre et bien liée, ne réussit encore à dégager de sa matière épaisse que deux ou trois bons visages, M. Richon-Brunet, sous le soleil d'Espagne, sous le soleil de Velasquez, regarde d'un œil plus assuré les toréadors, picadors, spectateurs et spectatrices, étages sur les gradins de la *Plaza des taureaux à Séville*. Comme dans le tableau de M. Tissot, et par un effet connu dans les pays méridionaux, les personnages, sous la lumière crue, se plaquent les uns contre les autres, sans que la délicatesse des dégradations intermédiaires qui, dans la réalité, relient toujours les objets, y soit suffisamment recherchée ; mais les plus importants de ces personnages sont campés avec une telle résolution, presque tous leurs visages sont caractérisés avec une telle liberté, les tons hardis et triomphants donnés par la nature sont juxtaposés avec une telle hardiesse, il y a, en un mot, dans cette œuvre incomplète, mais robuste, tant de franchise, de loyauté, de santé, qu'on incline à y voir le début d'un grand peintre, si M. Richon-Brunet se complète avec réflexion et méthode, comme le font espérer les progrès accomplis par lui depuis deux ans.

Presque tous ces nouveaux coloristes (et c'est ce qui nous en réjouit) semblent donc comprendre que l'étude attentive des formes ne leur est pas moins nécessaire qu'aux rêveurs monochromes, et qu'un joyeux assortiment de notes brillantes ne suffit pas à retenir longtemps les yeux. Dans le portrait, notamment, dans la réunion de portraits plus encore, si derrière la tache provocante ou caressante vous ne trouvez pas un visage complet, modelé à sa distance, une physionomie expressive et vraie, serez-vous complètement satisfait ? C'est une inquiétude de ce genre qui limite seule notre joie devant la réunion de *Portraits dans un intérieur*, par M. Lucien Simon. Sur le devant, une vieille dame, assise sur un canapé, près d'une jeune fille, tient sur ses. genoux un jeune garçon. A sa gauche, une autre jeune fille, les mains croisées sur les genoux, dans son fauteuil, et une jeune dame, en robe noire et corsage rayé de jaune, sur une chaise. Derrière le fauteuil, s'y accoudant, un homme d'âge moyen. Les murs sont couverts de petits tableaux. L'atmosphère paisible et tiède qui enveloppe toutes ces honnêtes figures accorde toutes les clartés des carnations et des linges avec toutes les teintes assombries et profondes des vêtements dans une harmonie vigoureuse et souple. La qualité des étoffes, des chairs, des accessoires est rendue sans affectation ni minutie, avec une sincérité et une force remarquables. Les physionomies, également, sont indiquées avec une grande délicatesse ; mais pourquoi quelques-unes demeurent-elles seulement indiquées, alors qu'à la distance où l'on regarde la toile, et, pour être à l'unisson des accessoires nettement mis en place, ces physionomies gagneraient tant à être complétées ? Dans une petite toile voisine, les *Marguilliers*, une procession de bonshommes vêtus de noir défilant dans une église blanche, l'harmonie est extraordinairement savoureuse ; mais le parti pris de plaquer des taches claires au lieu de visages, est plus violent encore et déroute le regard. Il y a des artistes incomplets qui ne peuvent faire que des esquisses et à qui l'on ne peut demander autre chose. M. Lucien Simon n'est pas de ceux-là ; il. serait tout à fait coupable s'il s'arrêtait en si beau chemin, à deux pas des chefs-d'œuvre inattaquables.

M. Jacques Blanche, l'un des jeunes portraitistes dont la carrière, comme celle de M. Lucien Simon, s'est faite au Champ-de-Mars, continue, avec un esprit de suite remarquable dans ses études, sa marche rapidement ascendante. Déjà, l'an dernier, dans les *Portraits de M. et Mme Thaulow* avec leurs enfants, en pleine campagne, malgré quelques réminiscences visibles, on sentait que M. Blanche commençait d'entrer en pleine possession de sa personnalité. C'est aujourd'hui chose faite. L'autre jour, des Anglais, s'arrêtaient devant les portraits de M. Blanche. L'un d'eux, regardant la charmante *Petite Fille au chapeau*, dit à son compagnon : « *T'is not Gainsborough* ? » L'autre lui répliqua en lui montrant l'aimable *Portrait de Mlle X...* (n° 118) : « *T'is not Lawrence* ? » Puis, tous deux, devant la grande toile des *Portraits dans un intérieur*, stationnèrent quelques minutes, et je les entendis murmurer : « *Very beautiful, indeed.* » C'est qu'en effet cette peinture, où sont résumées toutes les études antérieures de l'artiste avec la souplesse et l'aisance que donne la maturité, cette toile pour laquelle bien des grands maîtres, anglais, espagnols, hollandais, flamands, lui ont donné de bons conseils, reste, dans son aspect et au fond, une œuvre bien française, bien parisienne, toute de notre temps. C'est la sincérité délicate des vieux portraitistes français qui sourit, affectueuse et tendre, dans les attitudes dignement familières et les visages ouverts et bienveillants des deux dames assises sur le devant, l'une âgée, de face, les mains allongées sur les bras de son fauteuil, ayant sur ses genoux un ouvrage de tricot, l'autre, jeune, penchée sur sa chaise, les mains jointes et pendantes, son chapeau à ses pieds. C'est la loyauté et la conscience aussi de ces chers ancêtres qui s'affirment dans l'exactitude et dans le soin avec lequel sont peints, par touches vives, mais précises et justes, les visages et les mains. La scène est complétée par un fond de salon ouvrant sur des jardins et dans lequel, au second plan, se tient debout, un livre à la main, une autre jeune femme habillée de rose. Toutes les qualités de coloriste et d'atmosphériste que M. Jacques Blanche a fait pressentir de bonne heure mais qu'il a singulièrement développées par son commerce assidu avec les maîtres du nord, apparaissent d'autant mieux, dans cette œuvre charmante, qu'elle s'y trouvent fortifiées par le progrès, au moins égal, du dessinateur et du physionomiste.

C'est aussi dans un groupe de figures, le *Portrait de Mme G. F... et de ses enfants*, que M. Carolus-Duran, vice-président de la Société Nationale, revendique, avec le plus d'éclat, cette année, l'honneur d'avoir, l'un des premiers, ouvert la voie où marchent, à grands pas, ses jeunes successeurs, en pratiquant, avec passion, l'emploi des colorations vives et joyeuses dans la représentation franche et vive des figures contemporaines. Mme G. F... en robe de velours noir, assise devant un rideau jaune d'or, caresse l'épaule de son petit garçon, en velours bleu, qui s'appuie sur ses genoux, tandis que sa fillette, en long sarrau de soie grise à col brodé d'or, tenant à la main une rose thé, debout à sa gauche, s'appuie contre elle. Le groupe est charmant et le jeu de toutes ces couleurs à la fois éclatant et calme. Deux autres portraits à mi-corps, dont l'un de *M. D...* est d'une belle unité et d'une forte expression et dont l'autre, celui de *M. P. C. D...* jeune cuirassier, attire les yeux par l'éclat de son uniforme, avec plusieurs beaux paysages de Provence et quelques études de nature morte complètent l'exposition variée du maître-peintre. Le contraste est grand entre cette façon de juxtaposer et d'associer hardiment, en pleine lumière, des couleurs simples, brillantes, vives, et celle de fondre délicatement, en des pénombres mystérieuses, des nuances compliquées, amorties, éteintes, comme font, d'une manière si différente d'ailleurs, M. Lerolle dans ses *Portraits sur les quais* et M. Aman-Jean dans son triptyque *Portrait de femme entre la Beauté et la Poésie* ; mais, en art, tout est bien qui finit bien. La Parisienne, escortée de deux grandes filles et précédée de deux jeunes garçons qui marche le long du parapet, par un jour douteux, montre à nouveau, avec toute sa distinction, le talent éprouvé, bien qu'un peu flottant, de M. Lerolle. Il y a beaucoup de distinction aussi, mais une distinction moins saine et plus compliquée de littérature, dans le talent de M. Aman-Jean qui parvient difficilement à se dégager. Sa jeune dame, en vert, assise devant un lac, n'est pas exempte, dans les paraphes de son attitude et les maigreurs de son geste, de ce maniérisme exotique et déjà usé dont il serait plus juste de faire honneur ou reproche à certains préraphaélites anglais qu'à l'un de leurs patrons, souvent trahi, Sandro Botticelli. L'influence de ce maniérisme s'accuse plus encore dans la figure élégante et maladive de la *Poésie* et surtout, d'une manière bien fâcheuse, dans la nudité chétive et mal bâtie, autour de laquelle s'effilent également des cheveux, une jupe tombée, le plumage d'un paon, qui est censée représenter la *Beauté*. Il est évident que, pour tout un groupe de jeunes artistes, le mot et l'idée de beauté ont complètement perdu leur sens, puisqu'ils cherchent la Beauté dans les déformations, les appauvrissements, les infirmités, trop fréquentes, hélas ! de la pauvre nature humaine au lieu de la voir dans sa jeunesse, sa santé, sa vigueur ou sa grâce.

Qu'il y ait eu, qu'il y ait encore peu ou beaucoup de maniérisme dans la façon dont MM. Besnard, Zorn, Boldini, Alexander, cambrent, contournent, étirent, tortillent leurs figures sous des éclairages *ad hoc*, factices ou bizarres, presque toujours exceptionnels, cela n'est pas niable ; mais tous ces artistes, les deux premiers surtout, qui connaissent mieux le jeu des lumières, sont de fort bons peintres, et leurs excentricités mêmes sont intéressantes. M. Besnard, cette année, est assez sage : il n'en vaut pas moins. Dans son grand *Portrait de Mme L…*, l'étrangeté du regard s'exagère plus que de raison peut-être, par l'effacement du modelé dans le visage, tandis que tout le bas du corps et les vêtements sont à leur place et à leur force ; mais le *Portrait de Mlle A…* en robe bleuâtre et de *Mme D…* en robe rouge, toutes deux en buste, sont vraiment des modèles de peinture souple et libre, avec des-grâces charmantes de coloris, en même temps que d'expressions de physionomie précises et fines, telles qu'on en peut attendre de l'artiste, lorsqu'il ne s'amuse pas à dissimuler ses mérites de dessinateur. Une jeune femme, en robe blanche, décolletée, sur un fond blanchâtre, caressant un grand chien blanc, sous un jour fuyant, par M. Zorn, est une des virtuosités les plus savoureuses qui soient encore sorties de son atelier.

M. Dagnan-Bouveret vise moins, ou plutôt ne vise pas du tout à la première séduction. Ses trois portraits à mi-corps, qui sont excellents, n'attirent les yeux ni par l'éclat des couleurs, ni par la particularité de l'éclairage, ni par la singularité du mouvement. *Mme T. R...*, une jeune femme, de visage rose et souriant, en robe de satin blanc, sur un fond bleu-vert ; une *Bretonne*, paysanne avec son costume sombre, dans une demi-lumière ; *Mme la Comtesse de B...*, plus âgée, en robe noire, sur fond neutre, toutes à mi-corps, se présentent de face avec la simplicité des modèles d'Holbein et de Clouet ; mais, pour chacune, la façon de faire est appropriée avec une intelligence et une habileté extrême, au caractère, sérieusement étudié, de la personne et de sa physionomie. La plus aimable, avec quelques gracieux souvenirs du XVIIIe siècle dans l'arrangement et les nuances, est celle de la jeune femme, mais, dans celle de Mme de B..., plus grave, presque sévère, nous croyons trouver un des portraits les plus simplement expressifs et les plus librement exécutés que nous ait encore montrés cet artiste supérieur. Des recherches identiques de précision scrupuleuse et délicate donnent encore du prix à quelques petits portraits, très personnels et très fins, de M. Louis Picard (*Portrait de M. Dagnan-Bouveret, Portrait de M. Serge G...*), à ceux de M. Weertz, d'une habileté plus brillante, mais d'une pénétration moins vive. Il y a, d'ailleurs, dans ce genre, ici comme là-bas, nombre d'études intéressantes et nous devons nous borner à signaler, parmi leurs auteurs, en France, MM. Roll (*Portrait de M. Rochefort,*) René Menard (*Portrait de ma mère,*) Meslé, Rondel, Jeanniot, Monod, Desboutin, Jules Flandrin ; à l'étranger, MM. Edelfelt (*Portrait de S. M. l'Empereur Nicolas II,*) Gordigiani (*Portrait de Mme Eléonore Duse,*) Guthrie, Hawkins, Herter, La Gandara, Vos, Gleyn, Mlle Breslau, etc.

Chez les peintres de mœurs, paysans ou mondains, solitaires on voyageurs, la plupart, d'ailleurs, paysagistes à leurs heures, nous trouvons même diversité dans les directions. Les uns sont plus sensibles aux subtilités lumineuses ; les autres, au caractère et au mouvement des formes vivantes. Les premiers tombent volontiers dans les tonalités grises, fuyantes, vaporeuses ; les seconds exagèrent aisément la dureté des formes, l'importance des détails, ou la brutalité des couleurs. Mais comme, après tout, il n'y a pas de peinture sans forme, sans couleur, sans lumière, la plupart s'efforcent de combiner le tout au mieux et nous assistons, dans ce sens, à des expériences et à des progrès intéressants. M. Carrière, cette année, ne nous présente pas de ces scènes familières dans lesquelles les visages très expressifs et les mains très modelées de ses grisailles poétiques ont quelque peine à se rejoindre dans le brouillard fin dont il les enveloppe. En revanche, dans une belle vision religieuse, le *Christ en Croix*, où il ne se départ, en rien, du reste, de son système de vaporisation, il nous donne du moins la satisfaction d'entrevoir, sinon de voir, le cadavre de Jésus, et sa tête douloureuse, modelés d'un bout à l'autre avec science et sensibilité. Combien de temps, avec la rapidité qu'apporte l'âge à obscurcir les peintures, nos successeurs pourront-ils apprécier toutes ces délicatesses ? Je m'imagine qu'à cet égard les vaporisants commencent à se défier de l'avenir, car je remarque que beaucoup d'entre eux s'efforcent de donner plus de corps à leur peinture. Si cette évolution est déjà sensible chez M. Berton, dans quelques-unes de ses aimables fantaisies, on la voit toute accomplie chez M. Prinet qui va maintenant prendre des consultations chez Chardin et chez Velasquez et qui s'en trouve bien. Son *Atelier de jeunes filles* est une transposition en style contemporain, familier et parisien, de la fameuse toile de Madrid, *las Hilanderas*. On sent d'où cela vient ; mais la réminiscence est personnelle, spirituelle et vive. M. Muenier, de son côté, sentant ce qu'il y avait d'un peu pointillé et d'un peu sec dans ses analyses pointilleuses, élargit et fortifie ses procédés. Les *Chemineaux*, arrêtés au soleil couchant, après une journée de rude marche, devant un étang, vers lequel le plus jeune se penche pour y puiser avec son écuelle, tandis que le plus âgé, un robuste et beau gaillard, en attendant, aspire à pleins poumons, dans sa large poitrine, la fraîcheur du soir, est la meilleure de ses peintures populaires. Les frissons de l'eau, le fourmillement des végétations, les vibrations du ciel, s'y associent heureusement aux deux figures, pour donner l'impression voulue, impression de calme dans la nature, de vigueur et de fatigue chez les voyageurs. M. Muenier, ami de M. Dagnan, suit avec raison son exemple ; s'ils se souviennent d'où est parti le peintre du *Pain bénit*, des *Conscrits*, de *la Cène*, tous les jeunes artistes doivent se dire qu'avec la volonté persistante et méthodique, on arrive à tout. C'est encore à force de réflexion et de volonté que M. David-Nillet dont les études plébéiennes ont toujours paru si sincères, mais qui se débattait péniblement dans les procédés très particuliers, partant très périlleux, de son maître, M. Lhermitte, a conquis une manière plus ferme et plus forte, plus large et plus simple. Son *Laboureur et ses enfants*, présenté en plus grandes dimensions, dans un style plus fort et plus serré que le même sujet traité autrefois par M. Bordes, est un des meilleurs morceaux de peinture plébéienne qu'on ait vus cette année. Il faut que chacun boive dans son verre. M. David-Nillet a donc bien fait de laisser à son maître son verre dont il se sert si bien, mais où d'autres se briseraient les dents. M. Lhermitte, lui, cette année, a trois tableaux, toujours exécutés dans les tons gris, par ce procédé de pointillage dont le plus grand charme est sans doute, pour ce crayonneur admirable, de lui rappeler le grain du papier sous le fusain. Quel autre on tirerait les mêmes effets ? Dans la *Fenaison*, c'est un effet léger et printanier de lumière fraîche et jeune, autour des gerbes vertes et des faneuses souriantes ; dans la *Fin de la journée*, c'est un effet, plus compliqué, d'ombres plus intenses et de lueurs plus chaudes, au milieu des bâtiments d'une ferme, dans une avant-cour où un couple d'ouvriers, assis sur l'herbe, cause avec une moissonneuse qui passe, tandis que les bestiaux harassés rentrent aussi lentement, dans le lointain, vers l'étable. On peut rapprocher de M. Lhermitte, M. Adolphe Binet, qui opère dans la banlieue de Paris avec un sentiment plus parisien.

M. Lomont, le bon peintre d'intérieurs, s'affermit aussi dans sa façon de voir et, pour échapper aux entraînements de l'à peu près, M. Emile Boulard ne craint pas de renouveler, devant les maîtres hollandais, les expériences déjà faites par quelques romantiques du bon temps, notamment par son père ; quelques-unes de ses études, bien pensées, bien éclairées, très justes d'expression dans les figures, n'ont qu'un défaut, celui de dater et de dater d'autrefois. La méthode, toutefois, est bonne et lui servira. Les effets que recherche M. Boulard sont ceux qu'aimaient les Hollandais, des effets intimes et concentrés. Il va sans dire que la fréquentation des pays très ensoleillés, de l'Espagne, de l'Afrique, de l'Orient pousse à des effets tout contraires, et nous voyons bien, par ceux qui les fréquentent, combien il est difficile, à certaines heures, d'y voir autre chose que du papillotement et de l'aveuglement. Quand ce papillotement est joyeux, quand cet aveuglement est triomphant, c'est fort bien. C'est en Orient, en effet, que, depuis plus d'un demi-siècle, quand nous sommes fatigués de l'ombre et lassés du gris, nos peintres vont raviver leurs boîtes à couleurs. Les scènes africaines de M. Dinet, si hardies en gestes, en physionomies, en couleurs, dont quelques morceaux sont menés avec un rare entrain d'artiste vraiment complet, la *Courtisane*, la fille d'Orient, chargée de fard et de quincailleries, trônant parmi la meute des Bédouins en rut, et la *Douleur*, un groupe de vieilles pleureuses qui exercent en conscience leur métier, se déchirant des ongles leurs visages ensanglantés, se distinguent, par une hardiesse remarquable et une ardeur d'exécution, au milieu de toutes les études, souvent distinguées, mais en général d'une allure bien sage et d'une gamme bien douce qui sont rapportées par MM. Girardet, Girardot et quelques autres. Nous devons citer aussi, parmi ceux qui aiment le soleil et la belle peinture, M. Lunois, avec toutes ses études d'Espagne, M. Moutte, de Marseille avec son *Retour du père*, et, parmi les bretonnants, avec M. Lucien Gros, un jeune artiste, encore maladroit, mais d'une belle sincérité, M. Piet.

Tous les peintres précédents sont des paysagistes. Pour se rendre compte de l'état actuel de l'art du paysage, art très florissant, il faudrait donc reprendre les figuristes et comparer leurs fonds avec les études isolées que donnent, à profusion, les paysagistes de profession. La tâche serait intéressante, mais beaucoup trop longue pour que nous puissions l'aborder dans un compte rendu rapide. Force nous est de nous en tenir à constater qu'au Champ-de-Mars comme aux Champs-Elysées, les paysagistes sont très nombreux et très variés, presque tous témoignant d'un amour sincère et d'une intelligence de plus en plus affinée et délicate des phénomènes extérieurs. Nous n'étonnerons personne en ajoutant que s'il y a, parmi toutes ces études, quelques œuvres supérieures, elles sont dues à M. Cazin, plus maître que jamais de lui-même, el plus habile chaque jour à exprimer simplement, en vrai maître, les délicatesses de sa vision, à M. Thaulow, qui sait voir notre Normandie comme il voyait sa Norvège, à M. Billotte, plus varié, plus coloré aussi dans ses poèmes mélancoliques de banlieue parisienne, et qu'autour d'eux, on regarde toujours avec plaisir et profit les études ou notes de MM. Damoye, Barau, Boudin, Binet, G. Colin, Dauphin, Montenard, Cabrit, Lebourg, Lagarde, Lecamus, Willaert, Ilagborg, Harrison, M. Courant, Guignard, Dauchez, Iwill, Saintin, Chudant, et autres noms familiers, dès longtemps ou d'hier, à tous ceux qui aiment la mer ou les bois.

ISBN : 978-1981202423

www.ingramcontent.com/pod-product-compliance
Lightning Source LLC
Chambersburg PA
CBHW070130230526
45472CB00004B/1501